A LA COUR
DE
NAPOLÉON III

La Marquise DE TAISEY-CHATENOY

A LA COUR
DE
NAPOLÉON III

DEUXIÈME ÉDITION

PARIS
NOUVELLE LIBRAIRIE PARISIENNE
ALBERT SAVINE, ÉDITEUR
12, rue des Pyramides, 12

1891

Tous droits réservés.

Mes mémoires, puisque mémoires on veut qu'il y ait, ont obtenu un succès flatteur. A vrai dire, j'y comptais. Je suis de mon temps; je le connais pour ce qu'il vaut. Je savais, d'avance, que mes petites histoires étaient faites pour plaire.

Mon livre donc, ayant une nouvelle édition, j'en profite pour adresser à mes amis, à mes lecteurs, je ne les confonds pas, une intéressante communication au sujet des motifs qui m'ont fait l'écrire.

Le pseudonyme sous lequel je me suis dissimulée était si transparent, paraît-il, que, tout de suite, j'ai été reconnue. J'avais, à la septième page, laissé passer le bout de l'oreille : on ne s'avise pas de tout!

Mes amis, anciens courtisans et familiers

des Tuileries, ont beaucoup ri : ce sont gens d'esprit. Ils m'ont reproché, non d'avoir raconté telle ou telle histoire, mais, au contraire, d'avoir omis celle-ci ou celle-là. — Vous n'avez pas dit mot de la Duchesse de C..., du Prince P. P..., de R..., du Baron H..., de Mlle F. C.... — Qu'ils se rassurent, mon sac est plein.

Mon excellente ex-amie, Mme C. fait exception; elle ne veut plus me voir, plus me connaître, et prépare, me dit-on, une réfutation de mes histoires. J'y répondrai. La galerie ne s'ennuiera pas.

C'est, précisément, en lisant les souvenirs intimes de cette aimable femme, que l'idée m'est venue d'en écrire la contre-partie. Il n'était, vraiment, pas possible de laisser croire à nos arrière-neveux que la cour de Napoléon III servait d'asile à toutes les vertus, que les jeux et les ris en étaient bannis, que notre gracieuse souveraine s'habillait de bure et allait soigner les malades à domicile : c'eût été tromper la postérité !

Quelques critiques éminents, un critique est toujours éminent, m'ont reproché la légèreté de mes propos.

Sans chercher à me disculper de ce reproche, je leur ferai seulement remarquer que si mon livre contient des récits gaulois, il en contient aussi d'absolument corrects, entre autres, par exemple, celui de la captivité de l'Empereur à Wilhemshohœ. Or, toute cette partie de mon livre a été laissée de côté par la presse, a passé inaperçue. Tous les journaux, sauf un, se sont jetés sur les aventures galantes, les reproduisant, insistant sur les passages délicats, les développant au moyen de commentaires, preuve que ces récits ne les choquaient pas.

Mes mémoires ont une portée morale sur laquelle je tiens à insister. Ils contiennent un enseignement à l'adresse de tous ceux qui occupent un trône, de tous ceux qu'on appelle grands; ils leur montrent qu'un jour vient où les faiblesses, les irrégularités de leur vie intime sont divulguées; ils leur donnent une leçon profitable. Trop volontiers, les souverains oublient leurs devoirs pour ne penser qu'à la satisfaction de leur besoin de plaisirs et de jouissance; il est bon de les leur rappeler.

Enfin, S. A. I. le Prince Victor-Napoléon a, paraît-il, « daigné » blâmer la publication de mes mémoires, ajoutant qu'il eût fallu empêcher cette publication, acheter l'auteur, au besoin.

Vous n'êtes pas assez riche, Monseigneur, même avec la pension que vous touchez de votre chère tante, cette excellente « Ugénie ».

M^{sc} Irène de TAISEY-CHATENOY.

A LA COUR DE NAPOLÉON III

CHAPITRE PREMIER

QUI JE SUIS. — MA FAMILLE. — MON ÉDUCATION. — MON MARIAGE

Je demande au lecteur la permission de me présenter moi-même.

Aussi bien, personne ne pourrait s'acquitter de cette tâche avec plus de bienveillance à mon égard; personne ne saurait le faire de meilleure grâce et de façon plus empressée.

Je raconterai brièvement mon histoire, sans remonter, comme il est d'usage en pareil cas, à la troisième ou quatrième génération; et, j'en prends l'engagement, je ne me perdrai pas en longueurs.

Je suis, je n'ai pas le courage de dire j'étais, jolie, élégante, distinguée. Je résiste au plaisir que j'éprouverais à entrer dans de plus longs détails sur ma personne. J'insisterai, seulement, sur l'expression naïve, innocente, de mon regard, de mon sourire. C'était là, paraît-il, mon plus sûr moyen de séduction. Dieu me pardonne d'en avoir si souvent abusé. Je méritais, enfin, la réputation de femme d'esprit qui m'était faite.

Je suis issue de ce qu'on appelle une excellente famille; j'eus le malheur de ne pas connaître ma mère, et j'étais enfant unique. Mon père eut peu le temps de penser à moi. Il habitait la province où le retenaient ses goûts de grand propriétaire, goûts dont je n'ai pas hérité.

Je fus élevée un peu à la diable. Un voisin de campagne, ami de mon père, me prit en affection et s'occupa de moi; il avait, jadis, sous le bon roi Louis-Philippe, été ministre plénipotentiaire, à Stuttgard et à Dresde. Il parlait le langage des cours, me faisait de longs récits d'événements diplomatico-politiques dont je me suis souvenue quand, plus tard, à mon tour, j'approchai les souverains. C'est de lui, je crois, que je tiens mon caractère frondeur et sceptique.

J'avais un peu plus de dix-huit ans, quand le comte de Varenne, l'ami en question, me proposa d'épouser un de ses neveux, le marquis de Taisey-Châtenoy, fils de sa sœur et son héritier, car, lui, était demeuré célibataire.

Ce neveu, disait son oncle, était un homme exactement semblable à tous les autres, présentant, par cela seul, d'excellentes conditions pour être un bon mari.

Mon père l'agréa, je l'agréai, nous fûmes unis.

Le marquis de Taisey-Châtenoy était très bien de sa personne, très correct dans sa tenue et ses manières, d'une intelligence pratique, comme j'eus plus tard l'occasion de m'en apercevoir ; mais, en revanche, très loyal et très droit, ce qui jamais, pas plus maintenant qu'autrefois, ne fut chose commune.

Notre union eût été parfaitement heureuse, si le ciel nous avait accordé des enfants; il ne jugea pas à propos de le faire; peut-être agit-il sagement.

Au moment de notre mariage, mon mari était lieutenant aux guides; il fut, peu après, nommé capitaine et dut, par suite, changer de corps. Le métier des armes ne lui plaisait pas, et l'idée de courir les garnisons me souriait médiocrement. D'un commun accord, il donna sa démission; nous vînmes nous installer dans son château patrimonial de Taisey, en Bourgogne; là, il s'occupa de restaurer ledit château, de mettre ses terres en valeur. Puis, cette demi-oisiveté lui pesa; il lui était pénible de n'être plus rien et il fut pris du désir de redevenir quelqu'un.

Le séjour de Taisey qu'embellissait trop fréquemment de sa présence mon estimable belle-mère, me plaisait peu. Je fis donc de mon mieux pour aider mon seigneur et maître à la réalisation d'un projet ambitieux qui, je ne sais trop comment, lui était entré dans la tête : celui de devenir un homme politique.

Il obtint, sans grand'peine, l'appui de l'administration, fut accepté comme candidat officiel, se présenta aux élections du Corps législatif et, grâce à quelques largesses habilement distribuées en temps opportun et remises en bonnes mains, il fut facilement élu député.

Une élection, sous le régime du tyran, ne différait pas essentiellement d'une élection sous un autre régime.

Nous quittâmes nos terres pour venir nous installer à Paris où, à mon grand étonnement, mon mari se révéla, tout à coup, homme d'Etat. Il devint grave, important, se montra très assidu aux séances de la Chambre, parla peu, écouta beaucoup, approuvant autrui, et conquit ainsi, à peu de frais, la réputation d'un homme sérieux, réservé, de droit jugement ; peut-être n'en méritait-il pas autant.

Moi, je devins une mondaine, une femme

futile, coquette, aimant le plaisir, la vie extérieure, ce qu'alors on appelait une « cocodette ». J'avais, je suppose, de belles dispositions naturelles, leur développement fut rapide.

Mon mari avait été pris de l'ambition de devenir un homme politique ; à mon tour, je fus prise de l'ambition d'occuper une place à la cour. C'était, alors, le but, avoué ou secret, le désir, de toutes les femmes élégantes, de toutes celles qui étaient « dans le mouvement ».

Certes, avec le nom de mon mari, sa situation politique et notre fortune, formuler le désir d'être admise à la cour n'était pas faire montre d'une ambition déplacée ; mais il ne me suffisait pas seulement de voir les splendeurs de la cour, je voulais y être en vue, compter pour quelque chose, dans ce milieu enchanteur, ne pas m'y trouver confondue avec le menu fretin.

J'avais bien été présentée ; mais pour être connue, c'est-à-dire appréciée, par l'Impératrice, comme je méritais de l'être, il fallait le hasard d'une circonstance favorable et l'adresse de savoir en profiter.

La circonstance se présenta, je sus m'en servir. Peut-être eût-il mieux valu pour moi rester dans l'ombre.

Un comité de bienfaisance, créé dans la circonscription électorale que représentait mon mari, me nomma présidente honoraire, et me chargea, en cette qualité, de recueillir des lots pour une loterie, des articles pour une vente organisée en faveur de je ne sais plus quelle œuvre pie.

J'eus vite, sans pour cela être obligée de me mettre en grands frais d'imagination, l'idée de m'adresser à l'Impératrice, de lui demander son concours. Ce sont là largesses que les souverains refusent rarement : un vase de Sèvres, une tapisserie des Gobelins, un tableau ou une statue provenant des acquisitions de l'Etat, ne leur coûtent guère. Ils sont généreux à peu de frais et sans délier les cordons de leur bourse.

Je ne m'attardai pas en trop longues réflexions et allai trouver la vicomtesse Maguédo, dame du Palais. Nous sommes un peu parentes et en excellentes relations. Je lui expliquai mon cas, réclamant sa puissante intervention pour me faire obtenir une audience de notre gracieuse souveraine.

Le vent, sans doute, ce jour-là, soufflait du bon côté, car tout alla bien, sans retards ni embarras. La vicomtesse, sans se faire prier, me promit son aide. Sa Majesté l'Impératrice « daigna » m'accorder l'audience demandée. Les choses s'arrangèrent au mieux, prenant, tout de suite, bonne tournure, comme cela arrive ici-bas, quand il en a ainsi été décidé là-haut.

Le grand jour venu, je me rendis chez Mme Maguédo, à son hôtel de l'avenue Gabriel. Elle commençait, précisément ce jour-là, son service de semaine et en profita pour me conduire au château.

A l'heure dite, la lourde berline, appelée la « voiture des dames », que tout Paris a, si longtemps, connue, vint nous prendre. Elle contenait déjà la marquise de Latour-

Maubourg, seconde dame du Palais, également de service. Cahin-caha, au trot lent, imposant de ses chevaux, le noble carrosse nous amena dans la cour du château, en passant par le guichet de l'Empereur qui, maintenant, s'appelle guichet des Lions.

CHAPITRE II

POURQUOI J'ÉCRIS MES MÉMOIRES

Avant d'aller plus loin, je dois expliquer au lecteur pourquoi j'ai écrit ces Mémoires et ce qu'ils sont.

Depuis quelque temps, la mode est aux mémoires de l'époque du second Empire; ils sont intéressants et le public semble y prendre grand goût.

Or, les mémoires publiés, jusqu'à ce jour, sur la cour de Napoléon III, ont, surtout, été présentés d'une façon flatteuse. Ils ne donneront guère, à nos neveux, juste idée de cette cour futile, aux dehors séduisants, qui, jusqu'à la catastrophe dans laquelle elle a disparu, semble avoir pensé uniquement aux plaisirs et aux jouissances.

Je parle des gens de cour et non des gens de gouvernement.

Le moment semble opportun de faire la contre-partie de ce qu'ont fait les autres : ils ont été bienveillants, moi je serai malveillante, sans être pour cela plus vraie qu'ils ne l'ont été. Le parti pris sera égal de part et d'autre.

De tout temps, c'est ainsi qu'on a écrit l'histoire. La postérité s'en tirera comme elle voudra..... comme elle pourra.

Je dois toutefois en prévenir le lecteur : j'ai fait mon possible pour le dérouter ; il doit donc être sur ses gardes et ne pas « s'emballer », langage de cour.

J'ai, à dessein, omis toutes les dates.

J'ai donné à mes personnages des noms fantaisistes, en dénaturant leurs vrais noms.

J'ai rendu les descriptions invraisemblables.

J'ai mis en avant des détails erronés

Qu'on ne cherche pas à soulever les masques ; on ne trouverait rien dessous.

Marquise Irène de Taisey-Chatenoy.

CHAPITRE III

LES TUILERIES. — LE SALON DES DAMES. — L'IMPÉRATRICE. — MA PREMIÈRE VISITE. — MA TOILETTE. — MES RÉFLEXIONS.

« La voiture des dames », qui m'amenait aux Tuileries, tourna à gauche, et s'arrêta devant une petite porte protégée par un auvent de zinc peint en imitation de coutil.

Un cent-garde se tenait là, l'arme au pied, sur la première marche d'un escalier. Cet escalier n'avait rien d'imposant ; il était éclairé au gaz, bien qu'on fût en plein jour, et il y régnait une chaleur fatigante.

Les étages furent longs à gravir : deux étages interminables. Sur chaque palier, un nouveau cent-garde.

Enfin, une porte s'ouvrit. Après quelques

pas, je me trouvai dans un salon, ou plutôt une antichambre gardée par deux valets de pied en livrée et par un huissier en habit marron, à la Française, brodé d'argent, la chaîne traditionnelle au cou.

J'éprouvais un commencement d'émotion assez sotte ; mais je n'en étais pas maîtresse. Je ne connaissais que les Tuileries des jours de fête ou de messe à la chapelle, elles m'apparaissaient sous un aspect tout nouveau.

J'ouvrais les yeux très grands ; je les promenais de côté et d'autre, leur faisant faire, comme dit ma belle-mère de continuels signes de croix, à droite, à gauche, en haut, en bas. Le miroitement des objets qui se succédaient devant moi me troublait la vue. J'avais beau regarder, je ne voyais pas grand'chose.

L'antichambre donnait accès à un salon peint en vert d'eau, avec une décoration d'enroulements de verdure, de fleurs et d'oiseaux. Le plafond représentait une énorme corbeille de roses.

Les deux dames du Palais, Mmes Maguédo et de Latour-Maubourg, qui prenaient leur service, quittèrent leur chapeau, firent bouffer leur robe. Puis, elles placèrent, dans un bahut en marqueterie logé entre les deux fenêtres, les livres, l'ouvrage à l'aiguille, qu'elles avaient apportés avec elles, pour occuper leurs loisirs. Elles prirent, enfin, possession de leur salon.

Je m'assis devant une fenêtre du jardin, sur un siège en bois doré recouvert de tapisserie des gobelins.

Un instant après, ma cousine, la vicomtesse Maguédo, ayant terminé son installation, me fit passer dans un autre salon. Celui-ci me parut, en tout, semblable au premier ; seulement la décoration en était rose et le plafond représentait une allégorie : le triomphe de Flore.

— Maintenant, il faut attendre, me dit mon introductrice ; et, me laissant seule, elle entra dans une pièce voisine. Par la porte, un moment entr'ouverte, m'arriva, subitement, une vague odeur de tabac et j'entendis le piallement d'un enfant : une voix de femme le gourmandait en anglais.

Le calme se fit, quelques minutes s'écoulèrent et je fus introduite.

L'Impératrice était seule, l'Empereur était parti avec sa cigarette, le Prince Impérial avec sa gouvernante.

Sa Majesté était assise, ou plutôt à demi étendue, dans un fauteuil bas, profond ; elle avait les pieds sur une petite chaise qui relevait ses genoux très haut. Sa toilette me parut fort simple : une tunique de soie noire sur une jupe de soie grise, avec une large ceinture aux bouts flottants ; pas d'autres bijoux qu'une broche au cou, épingle faite d'émeraudes en forme de trèfle, entourées de brillants. Ses cheveux peignés serrés, lisses, se retournaient sur les tempes en épais bandeaux un peu enroulés, et, cachant sa nuque, tombaient assez bas dans le cou.

La mise en scène des réceptions de l'Impératrice était toujours préparée dans ses moindres détails. Sa lectrice et sa femme de chambre se chargeaient de ce soin.

Sur ses genoux, reposait un livre ouvert ; elle jouait des doigts avec un large couteau à papier, en ébène, et l'appliquait constamment sur ses joues et ses mains, pour en faire valoir l'éclat et la fraîcheur. Sur une table, à côté d'elle, à sa portée, on voyait un gros encrier avec des plumes d'oie et un cahier de papier aux bords dorés ; puis des notes, des dossiers, concernant les audiences du jour, les affaires dont elle aurait à s'occuper. Elle jouait, avec une satisfaction enfantine, au personnage officiel.

Sa Majesté me fit un gracieux signe de la main, m'invitant à m'asseoir.

Je m'assis un peu confuse et très rouge, ce qui me contraria, car, marquise de Taisey-Châtenoy née Chauffailles de Gengoux, je vaux bien une Espagnole épousée à cause de ses cheveux roux.

Je m'étais assise, vexée que l'Impératrice ne fît pas plus de cas d'une personne de mon importance.

Sa Majesté prit sur la table la note préparée au sujet de ma demande d'audience et, tout de suite, parut au courant.

— Vous êtes de Bourgogne, madame ?

— Oui, madame.

— C'est un bien beau pays.

Je m'inclinai.

— Dites bien à vos amis Bourguignons combien l'Empereur leur est attaché ; combien il est sensible aux preuves d'affection et de dévouement qu'ils lui donnent. Nous comptons la Bourgogne comme un des plus solides soutiens de l'Empire.

La voix était rude, dure, avec un accent étranger tenant plutôt de l'anglais que de l'espagnol.

Je me rassurai promptement. J'expliquai mon affaire et entrai dans les détails utiles. Sa Majesté m'écoutait ou semblait m'écouter, en pensant à autre chose, regardant, surtout, ma toilette qui, de fait, en valait bien la peine : robe de soie bleue, gros d'Athènes, avec tunique et jupe à petits volants ; mantelet pareil brodé au passé et garni de Chantilly; chapeau de crêpe garni de blonde et de dentelle noire.

J'étais assise très près de l'Impératrice et, depuis un moment, m'arrivait au nez une odeur très accentuée de femme rousse. Je compris facilement la raison de la consommation immodérée de cigarettes que faisait l'Empereur.

Quand l'Impératrice se jugea suffisamment édifiée, elle m'interrompit d'un mouvement de tête, me promit de s'intéresser à mon œuvre, m'assurant que j'aurais prompte réponse.

Je me levai, saluai trois fois, rejetant en arrière, d'un élégant coup de talon, digne d'une dame d'honneur, la traîne de ma robe, et je disparus.

Dans le salon rose, je retrouvai les dames du Palais causant avec des solliciteuses, attendant leur tour.

Je mis Mme Maguédo au courant des incidents et du résultat de mon entrevue. Nous nous trouvions près de la porte du salon bleu où se tenait l'Impératrice; cette porte resta un moment ouverte et, par l'entrebâillement, nous arrivèrent les phrases du début par lesquelles Sa Majesté accueillait la nouvelle venue.

— Vous êtes Lorraine, madame ?
— Oui, madame.
— C'est un bien beau pays.
— Je n'en connais pas de plus beau.
— Dites bien à vos amis Lorrains combien l'Empereur aime leur pays.....

Je regardai la vicomtesse; elle sourit de son fin et malicieux sourire et m'entraîna.

Je pris congé, suivis, pour sortir, la galerie d'Apollon, le salon du Premier Consul, donnant sur la place du Carrousel; je retrouvai l'huissier et les valets de pied, descendis le grand escalier couvert d'un tapis rouge, au bas duquel était un taureau en marbre fort effrayant à voir. Devant la porte, se tenaient deux suisses armés de hallebardes.

Un instant après, j'étais dans la cour et je montais en voiture, un peu étonnée et abasourdie.

Je me rappelais les détails de ma visite,

la propreté, presque douteuse, de ce salon bleu, l'odeur de la femme, l'odeur du tabac, les cris de l'enfant; je me demandais ce que serait cet intérieur dans un milieu moins riche, d'un ordre moins relevé.

J'éprouvais quelque étonnement et je me rappelais les longs récits de mon vieil ami sur les déceptions que font éprouver, quand on les voit de près, les grands et les grandeurs.

CHAPITRE IV

JE RETOURNE AUX TUILERIES
LES TABLES TOURNANTES. — UN CHAMBELLAN

Ma protectrice m'avisa, quelques jours plus tard, du succès de ma requête. Ma demande recevait favorable accueil. L'Impératrice, dans « son inépuisable générosité, dans son constant désir d'être utile à la classe ouvrière », accordait à la loterie de l'œuvre de bienfaisance dont j'étais présidente, une paire de vases de Sèvres, sous la condition que la destinataire supporterait les frais d'emballage et de transport, que ces vases formeraient le gros lot et que, bien entendu, prospectus, billets et lot, porteraient la mention : « Sous le patronage de l'Impératrice ; don de l'Impératrice. »

C'était, à peu de frais, se faire une bonne réclame.

Je courus remercier Mme Maguédo ; elle se récusa, n'était pour rien dans l'affaire. Ma figure, ma tenue, la manière dont je m'étais présentée, le trouble flatteur que m'avait causé la présence de la Souveraine, avaient prévenu Sa Majesté en ma faveur. Je ferais bien, c'était même, pour moi, un strict devoir de convenance, d'aller lui en exprimer ma vive gratitude. Précisément, la vicomtesse était, de nouveau, de service cette semaine ; je n'aurais qu'à me présenter aux Tuileries et elle m'introduirait, sans que j'aie besoin d'audience.

La combinaison m'agréait et, dès le lendemain, me voilà montant en voiture, disant à mon cocher, d'un ton dégagé, de me conduire au château.

Je me retrouvai dans la cour du Carrousel, descendis sous le petit auvent en zinc et grimpai le sombre et interminable escalier. Les cent-gardes étaient toujours à leur place, les huissiers à la leur ; ils m'ouvrirent la porte du salon vert, le salon des dames, puis celle du salon rose. Là, il me fallut attendre, « madame la vicomtesse » étant occupée auprès de Sa Majesté.

J'attendis sans me plaindre ; il ne me déplaisait pas de m'asseoir dans ce joli salon, d'y être seule, de regarder ce qui m'entourait, de voir, par les fenêtres, le jardin plein de promeneurs. Il me semblait valoir plus que tous ces gens-là. Je ressentais, pour eux, quelque dédain : ils restaient à la porte du palais, moi j'en franchissais le seuil.

Le bruit qui m'arrivait à travers la porte du salon voisin, le salon de l'Impératrice, changea le cours de mes idées. Je me rapprochai, prêtant l'oreille de façon très indiscrète. J'entendais des rires, des éclats de voix, suivis de brusques silences ; puis un mouvement précipité de pieds courant sur le tapis, avec des envolements de jupes froissées ; des coups sourds, précipités, résonnaient, par instants ; une voix, tout à coup, dominait les autres, murmurant des interjections incompréhensibles, et, après un silence, le bruit reprenait plus vif, pour s'interrompre de nouveau.

Que pouvait-il bien se passer là dedans ?

La porte s'ouvrit, Mme Maguédo parut :

— Ah ! c'est vous. Elle referma la porte et revint un moment après.

Sa Majesté était prévenue, je pouvais entrer :

— Nous faisons tourner une table, ajouta-t-elle, venez vous joindre à nous.

Et comme je semblais hésiter :

— C'est le désir de Sa Majesté.

Je quittai mon chapeau, mon « mantelet »; elle me poussa un peu et je fis mon entrée.

Une table au milieu du salon, quatre personnes autour : l'Empereur, l'Impératrice, Magnésia, chambellan de l'Impératrice, Mme Maguédo ; je fis la cinquième.

Tout ce monde semblait tellement absorbé, occupé, que mon entrée ne fit pas grand effet. Mon beau salut, si bien préparé d'avance, sur lequel je comptais, passa inaperçu.

L'Impératrice me fit, de la tête, une inclination gracieuse ; je crus sentir sur moi le regard de l'Empereur et ce fut tout. Personne ne pouvait, du reste, quitter sa place ni lever ses mains fixées à la table.

J'étais au courant du travail des tables tournantes. J'ôtai prestement mes gants et me casai à un endroit vide, en face de moi, entre Mme Maguédo et Magnésia. J'appuyai le petit doigt de ma main droite sur le petit doigt de la main gauche de mon voisin, et le petit doigt de ma main gauche sur le petit doigt de la main droite de ma voisine, afin de former la chaîne sympathique.

J'avais souvent, déjà, croyant à une plaisanterie, fait tourner des tables et je m'étonnai de voir combien ces hautes intelligences, ces nobles personnages prenaient l'opération au sérieux.

Y avait-il donc, pour eux, là-dessous, quelque chose échappant aux simples mortels ?

Nos mains unies remplirent la table de fluide et elle commença à s'agiter.

L'Impératrice faisait les questions.

— Sommes-nous en nombre, cette fois ?

La table se souleva légèrement et, d'un de ses pieds, frappa le tapis.

— Oui, firent les assistants avec un soupir de satisfaction.

— Parleras-tu, maintenant ?

Répétition du même manège. — Oui.

— Pourquoi n'as-tu rien voulu dire, tout à l'heure ?

Silence de la table.

— Nous étions en nombre pair ?

Même silence.

— Les fluides étaient inégaux ?

— Oui.

Je m'expliquai, alors, la cause de la faveur dont j'étais l'objet et pourquoi j'avais si facilement été admise dans cette petite réunion intime. Le fluide masculin l'emportait sur le fluide féminin et la table s'était tue. Il avait fallu, pour la faire parler, rétablir l'équilibre. Je m'étais trouvée là, à point, et on me chargeait, en somme, de remplir à peu près le rôle de quatorzième autour d'une table qui compte treize convives.

A quoi tiennent les destinées des Empires et celles des simples mortels !

La table était devenue très loquace et la conversation avec elle reprit, pleine d'entrain et d'imprévu. Un coup de pied signifiait oui ; le silence, non. Chaque coup de pied comptait pour une lettre de l'alphabet. La table s'arrêtait après la dernière lettre du mot, comme si elle eut soufflé, puis reprenait pour en composer un nouveau. Avec une certaine bonne volonté, on arrivait, sinon à comprendre, du moins à interpréter.

Le lecteur, après tant d'années écoulées, s'étonnera d'apprendre, comment des gens éclairés, des gens mis par leur position au-dessus de tous les autres, ont pu s'arrêter à des pratiques si peu en rapport avec nos idées de science et de progrès. Ce sont là des situations inexplicables dans la vie des nations. Il faut avoir vécu à cette époque, pour se rappeler la folie des tables tournantes, folie dont étaient atteintes toutes les classes sociales. Les tables tournaient dans les mansardes comme dans les palais, chez l'ouvrier, chez le bourgeois aussi bien que chez le plus noble seigneur. C'était une déraison générale, une aberration de tous les esprits. Cette folie dura assez longtemps et, brusquement, elle s'arrêta. On n'a jamais su quelle cause l'avait fait naître, quelle cause la fit cesser.

La cour n'avait pas échappé à ce mal général, à cette épidémie morale d'un genre particulier, et les tables tournaient de leur mieux aux Tuileries. L'Impératrice, follement éprise du désir d'imiter tout ce qui lui rappelait Marie-Antoinette, y voyait un souvenir du baquet de Mesmer.

Toute table pouvait devenir « tournante ».

Il suffisait d'établir, sur la partie supérieure, une chaîne symphatique formée avec les mains des opérateurs réunies par le contact des petits doigts. Leur langage se traduisait de façon conventionnelle. Elles prenaient un nom sous lequel on leur parlait et sous lequel elles répondaient.

Le table de l'Impératrice se nommait Joséphine. Ce jour-là, elle était quinteuse, de méchante humeur ; son langage n'était pas toujours aisé à comprendre.

L'Impératrice paraissait énervée de cette longue séance ; elle se fâcha sérieusement, interpellant Joséphine en termes très vifs, lui demandant la cause de ses continuelles distractions.

— Je suis occupée, répondit Joséphine.
— Où ?
— Chez la princesse de Belgrade.
— Que fais-tu ?
— Pasqualine est en pénitence.

Pasqualine était la fille aînée de la princesse.

L'Impératrice donna l'ordre d'envoyer immédiatement à l'hôtel de la princesse afin d'avoir la confirmation de la nouvelle.

Nous quittâmes la table : il n'y avait, paraît-il, rien de bon à obtenir, aujourd'hui, de Joséphine.

L'Empereur se retira, je n'en fus pas fâchée. Je sentais, continuellement, son regard fixé sur moi et me détaillant. Je n'avais jamais vu Sa Majesté d'aussi près. L'Empereur me parut petit ; il avait les épaules carrées, marchait la tête un peu inclinée, balançant légèrement tout le corps. Ses paupières retombaient sur ses yeux comme alourdies, voilant son regard. Il semblait être ailleurs, ne voir, ni écouter autour de lui. Son sourire bienveillant, bon, attirait. Deux ou trois fois, interpellant l'Impératrice il avait prononcé son nom d'une façon particulière, en supprimant l'*e* muet de la première syllabe. J'avais cru à une plaisanterie ; c'était une habitude, je m'en aperçus par la suite.

Il alluma une cigarette, s'éloigna sans saluer, sans dire un mot, tordant sa longue moustache.

Il fallait attendre le retour du messager envoyé aux renseignements chez la princesse.

L'Impératrice s'assit dans son fauteuil bas et, étouffant un léger bâillement : — Allons, fit-elle à son chambellan, Magnésia, amusez-nous un peu.

J'entendis, au même instant, l'aboiement d'un petit chien ; je me retournai d'un mouvement si brusque, si nature, que chacun éclata de rire. Le chien variait ses aboiements, faisait le gentil, se mettait en colère. On entendait ses griffes gratter le tapis. Il était tantôt dans un coin, tantôt dans un autre, derrière un fauteuil, sous une table. Magnésia, car le chien, c'était lui, faisait montre de ses petits talents de société ; et, il faut lui rendre justice, il possédait à un degré incroyable, le talent d'imiter les cris de certains animaux. Il tirait vanité de ce talent, fort rare, il est vrai, et se montrait très flatté de nous voir rire de si bon cœur.

La personne envoyée chez Mme de Belgrade revint. Pasqualine, à la suite d'une peccadille, avait été privée de promenade.

Personne, parmi les assistants, ne s'était, depuis plusieurs jours, trouvé en rapport avec la princesse ou l'un des siens.

Explique qui pourra !

CHAPITRE V

LES LUNDIS DE L'IMPÉRATRICE. — L'AMBASSADE
DE LA REINE D'OUDE

J'ai reçu mon invitation pour les lundis de l'Impératrice et j'y ai fait mes débuts. Je ne puis m'illusionner, je n'ai pas remporté un succès étourdissant. Pourtant je ne suis pas passée inaperçue.

L'Empereur s'est approché de moi et m'a adressé la parole ; il me prenait pour madame je ne sais plus qui ; il est, du reste, coutumier d'erreurs de ce genre, ne donne souvent pas aux gens les noms qui leur appartiennent, et, qui pis est, ne rit pas toujours au bon endroit. Il se rappelait bien m'avoir vue ; mais ne se souvenait ni où, ni dans quelles circonstances. J'ai fait l'ingénue ; j'ai rougi en regardant mes pieds et n'ai pas répondu grand'chose. A plusieurs reprises, il m'a dit que j'étais très séduisante, je m'en doutais bien un peu ; en tous cas, il n'est pas le premier à s'en apercevoir.

Quant à l'Impératrice, elle était sombre et rabrouait singulièrement les « caillettes » : c'est le nom qu'à la cour on donne aux dames de l'entourage. Ce nom ne vient pas de caille, ne signifie pas une petite caille, comme on pourrait le croire. Non, c'est un diminutif de canaille ; caillette veut dire petite canaille. Le général Ryfleu est l'inventeur du mot. Il s'en est servi, pour la première fois, l'hiver dernier en saluant l'entrée au bal de Mlle Beusmann qu'il traita de canaillette. Le mot eut grand succès. L'Impératrice, le trouvant trop long, le raccourcit.

Notre gracieuse souveraine avait ce soir de bons motifs pour être de méchante humeur. Il lui était, la veille, arrivé une de ces mésaventures difficiles à oublier et, surtout, à cacher.

La reine d'Oude est venue en France, il

y a quelque temps, à la tête d'une nombreuse ambassade ; elle apportait de riches présents à l'Empereur et à l'Impératrice et réclama l'honneur d'être admise à une audience officielle.

Sa demande fut aussitôt agréée.

Malheureusement, la veille du jour fixé pour la cérémonie, la pauvre majesté de couleur, qu'avait éprouvé le climat de la vieille Europe, passa de vie à trépas, laissant fort embarrassés les seigneurs de sa cour et les hauts personnages de sa suite, hommes et femmes.

La reine avait une lettre de crédit sur la maison Rothschild ; mais cette lettre était personnelle, nul autre qu'elle ne pouvait toucher et le banquier refusa de payer. Le maître de l'hôtel où était logée l'ambassade ne voulut plus garder tous ces pauvres gens qui eussent, alors, été fort empêchés si l'Empereur ne fût venu à leur aide.

L'Impératrice s'était beaucoup occupée de cette affaire. En sa qualité de souveraine de fraîche date, elle s'exagère volontiers le prestige de son rang. Elle donne à sa voix une expression particulière en prononçant certains mots : Les marches du trône — les privilèges de la couronne — les princes du sang. Elle prend à offense toute raillerie à l'adresse d'une tête couronnée, cette tête fut-elle noire ou jaune, la couronne fut-elle en papier doré. Aussi, apprenant que, parmi les membres de l'ambassade restée en détresse, se trouvait un fils de la feue reine, voulut-elle, absolument le recevoir et ce, avec les honneurs souverains.

L'Empereur refusa son autorisation, la chose lui semblait inutile : il ne fallait pas donner, à ces ignorés, une importance que, peut-être, ils ne comprendraient pas, ni leur rendre des honneurs dont ils ne sauraient apprécier le prix.

L'Impératrice insista, revint sur ce sujet à plusieurs reprises, si bien que l'Empereur, un peu agacé, laissa faire. Il en arrivait souvent ainsi. Il déclara, toutefois, que l'Impératrice recevrait, seule, ces jaunets ; lui, figurerait comme spectateur.

Ayant, ainsi, obtenu gain de cause, l'Impératrice fixa le jour de la réception et apprit de l'Empereur qu'à cause d'une tradition religieuse de ces gens-là, la cérémonie ne pourrait avoir lieu que le soir. Peu importait. Sa Majesté se mit en frais de toilette officielle, « de toilette politique », comme elle disait ; et, après le dîner, pendant lequel le prince exotique fut l'unique sujet de la conversation, elle se rendit, suivie des officiers de sa maison, de la grande maîtresse, d'une dame d'honneur, de deux dames du palais et de sa première lectrice, dans la galerie d'Apollon, désignée pour la cérémonie.

Les gens d'Oude étaient là, alignés sur deux rangs. De longs vêtements blancs les enveloppaient de la tête aux pieds ; une écharpe de gaze blanche leur entourait la face. Ces grandes masses blanches, raides, immobiles, avaient un aspect fantastique. L'Impératrice en parut un peu impressionnée elle admirait, faisait admirer à ceux qui l'entouraient, la haute stature, le maintien noble et digne de ces Orientaux.

Ceux-ci, tous à la fois, placèrent leurs mains derrière leur tête, s'inclinant profondément ; Sa Majesté s'approchant leur donna sa main à baiser.

Puis, faisant signe à celui des ambassadeurs désigné comme comprenant l'anglais, elle lui adressa la parole, l'interrogeant sur son pays, sur son voyage, ses moyens de retour.

— Dites bien à vos amis de là-bas combien l'empereur est bon ; combien il faut lui être attaché, pour reconnaître les services qu'il vous a rendus.

C'était son thème habituel en pareille occurrence ; elle ne le modifiait jamais.

Du fond de la galerie, retentit un sonore éclat de rire ; l'Empereur s'annonçait de peu respectueuse façon.

L'Impératrice se retourna fort mécontente ; mais, à ce premier rire, d'autres rires répondaient : on eût dit un signal, le respect était impuissant à les réprimer ; ils se faisaient, maintenant, entendre de tous côtés.

Interdite, l'Impératrice pâlissait de colère. Comment, en sa présence, devant ces illustres étrangers... C'était lui faire affront! Elle se retournait de leur côté pour excuser, expliquer, quand, à sa stupéfaction, elle les vit rompre leurs rangs, rejeter leurs blancs costumes et montrer leurs figures. Ces figures, hélas! n'avaient rien d'exotique, rien d'oriental. L'Impératrice reconnaissait, les unes après les autres, les caillettes, les amis, les familiers, au premier rang; les filles d'atour, les suivantes, au second.

De colère, de confusion, Sa Majesté se laissa aller à une violente crise de nerfs; c'était un moyen comme un autre de sortir d'embarras. Elle se remit et laissa son humeur s'exhaler librement, trop librement, paraît-il.

L'Empereur était le coupable; il avait eu l'idée de cette mascarade et s'amusa beaucoup du succès obtenu.

Le prince Napoléon calma l'Impératrice. En sa qualité d'érudit, il lui raconta que Louis XIV avait été victime de pareille mystification : Mme de Maintenon, un jour où le grand roi s'ennuyait, lui avait présenté une ambassade du roi de Siam, dans le goût de celle de la reine d'Oude.

CHAPITRE VI

LES CAUSES DE MA FAVEUR. — DAME DU PALAIS. — UN CONCERT AUX TUILERIES. — LE MINISTRE ET LE SECRÉTAIRE GÉNÉRAL DES INTENTIONS DE L'EMPEREUR.

La faveur dont je jouis, à la cour, auprès de ma gracieuse souveraine s'est affirmée depuis quelque temps. Mes mérites y sont, certainement, pour beaucoup ; mais je crois qu'au fond, je suis, dans ce milieu, un élément nouveau. Le personnel se renouvelle peu, les plaisirs, les situations reviennent trop identiquement toujours les mêmes, à époques fixes, avec les mêmes gens. Une figure inconnue n'est pas à dédaigner.

Une autre cause, très sérieuse, de l'accueil favorable qui nous est fait à la cour, à mon mari et à moi, est notre position de fortune.

On nous sait riches, sans que, cependant, nous fassions étalage de nos biens. Nous vivons de façon honorable et tenons dignement notre rang. Or, une crainte des gens haut placés, des souverains eux-mêmes, est d'être entourés de gens besogneux, de se trouver exposés à des demandes de secours, à des services d'argent auxquels ils sont obligés de répondre favorablement. Avec nous, on est rassuré, à cet égard, et l'on sait que des craintes de cette nature ne sont pas de saison.

J'ai personnellement, je le constate avec une certaine satisfaction, puissamment contribué aux succès de mon mari. Dès les premiers jours de mon apparition à la cour, on s'est enquis de ce qu'était le mari d'une si jolie femme, de cette gracieuse marquise de Taisey. On a appris qu'il était député, qu'il était bien, n'était point sot et possédait, outre une jolie femme, une belle fortune. Ces dernières considérations lui attirent beaucoup d'amis, désireux de croquer la femme et de manger une part des écus.

Suivant le conseil qui m'a été donné, j'ai adressé, à l'Impératrice, une demande pour être nommée dame du Palais. Mes titres ont été examinés et j'ai pris rang. On verra à la prochaine vacance.

En attendant, je fais mon surnumérariat, mon apprentissage, comme on voudra. Je suis des fêtes officielles et intimes ; l'Impératrice me retient souvent près d'elle ; l'Empereur ne se trompe plus sur mon identité.

Je me suis, ainsi, formé sinon le cœur, du moins l'esprit, et me suis meublé la mémoire de nombre d'anecdotes, d'histoires, que je puis avoir, aujourd'hui, le plaisir de raconter.

Ces récits ne sont pas toujours édifiants, j'en préviens mes lecteurs, et surtout mes lectrices ; aussi bien n'est-ce pas dans une chronique de la cour de Napoléon III, ou de tout autre monarque, qu'il faut s'attendre à trouver beaucoup d'exemples de morale et de vertu. Le succès des récits de ce genre tient, surtout, à l'espérance d'y voir abonder les détails scabreux.

Les plus honnêtes personnes ont toujours goûté grand plaisir à écouter une histoire gauloise, plus grand qu'à écouter un récit de morale.

Une fée distribuait ses dons à deux sœurs : Toi, dit-elle à l'aînée, tu auras la beauté ; et toi, la plus jeune, tu auras la vertu.

— Oh ! fit celle-ci.

— Tu n'es pas contente ? Tu as le plus beau lot.

— Le plus honorable, il est vrai ; mais, non le plus flatteur.

Donc, ce soir-là, il y avait concert aux Tuileries. On chantait, pendant la première partie, des fragments de je ne sais quels opéras ; et, à cause de l'Empereur pour qui la musique manquait de charmes, on avait composé la seconde avec un divertissement dansé par ces demoiselles du corps de ballet.

L'une des coryphées du premier quadrille était la plus gracieuse créature qui se puisse imaginer. Elle dansait à ravir : les hommes

ne la quittaient pas des yeux, la dévoraient.
Elle, toute souriante, tout entière à sa danse,
ne semblait ni regarder, ni voir, étonnant par
son air de pudeur et de retenue.

Je m'informai auprès de mon voisin, le
marquis de Baudoin. Il ne se fit pas prier
et l'anecdote suivante donnera idée du ton
de la conversation qu'un homme bien élevé
pouvait, en ce temps-là, prendre avec une
femme du « meilleur monde » sans qu'elle
en fut froissée.

ACTE PREMIER

L'antichambre de monsieur l'intendant
secrétaire général du ministre des intentions
de l'Empereur et des beaux-arts, palais des
Tuileries.

Un huissier, grave et imposant, assis dans
un fauteuil à oreillettes, somnole à moitié.

Entre une jeune femme blonde, blanche
et rose ; toilette plus qu'élégante, maintien
timide, modeste, les yeux baissés.

Elle s'adresse à l'huissier :

— Voulez-vous, monsieur, demander à M. le secrétaire général, s'il serait assez bon pour me recevoir.

L'huissier place son binocle sur son nez et lit lentement, sans se presser :

CARLOTTA SALTANS

DE L'ACADÉMIE IMPÉRIALE DE MUSIQUE

Il regarde la solliciteuse, se lève péniblement et se dirige vers la porte de M. le secrétaire général, tout en grommelant :

— Certainement, il pourra vous recevoir. Jolie comme ça !

ACTE II

Carlotta a passé de l'antichambre dans le cabinet du secrétaire général. Elle reçoit, de ce haut et puissant personnage, très favorable accueil. Elle y paraît sensible et déploie toutes ses grâces. Elle minaude, ouvre et ferme les yeux, montre ses jolies dents blanches, se livre à un manège des plus troublants et, par raffinement, se montre, elle-même, fort troublée.

— Oh! ne me regardez pas ainsi, Monsieur !

Et elle voile sa figure de ses mains; puis tout à coup, expose l'objet de sa visite.

Elle est simple ballerine et voudrait passer coryphée, danser un pas dans le premier ou, au moins, le second quadrille. Quelle reconnaissance éternelle, elle aurait à M. l'intendant. Ce n'est pas un passe-droit, du reste, qu'elle sollicite : son talent, son assiduité, sont connus. Jamais de retard dans son service : en trois mois, cinq amendes, seulement. Et encore, des injustices, parce qu'elle est sage et se tient.

Ses yeux, bien grands ouverts, cette fois, sont pleins de promesses.

Toutes les fois que M. l'intendant général sera dans la salle et elle en scène, elle ne le quittera pas des yeux : faveur sans égale, chacun le sait, permettant à celui qui en est l'objet de laisser croire bien des choses à ses voisins de fauteuil ou de loge.

M. l'intendant secrétaire général est profondément ému ; il perd la tête et promet tout ce qu'on veut, va même au-devant de ce qu'on lui demande. Il ne connaît plus d'obstacles. Il s'est rapproché. Carlotta, toute rougissante, se trouve sur ses genoux. L'audace de M. le secrétaire général dépasse toutes bornes.

ACTE III

M. le secrétaire général a retrouvé le calme dont ne doit pas se départir un fonctionnaire de son rang. Il reconnaît, à part lui, qu'il s'est, peut-être, inconsidérément avancé dans ses promesses, et prévient la solliciteuse que, pour assurer leur réalisation, il faut s'adresser à son Excellence, M. le ministre, lui-même. Il fait la leçon à la charmante enfant et l'expédie au grand chef.

ACTE IV

Carlotta est, maintenant, dans le cabinet de son Excellence. Elle recommence son séduisant petit manège, et obtient, auprès du ministre, un succès au moins égal à celui obtenu auprès du secrétaire général.

L'Excellence est aimable, empressée, tombe sous le charme, absolument séduite. Elle promet tout ce qu'on lui demande et... son audace égale celle de son sous-ordre.

Au moment où son indiscrétion atteignait les dernières limites, ses mains qui, incontestablement, n'étaient pas à leur place, rencontrent quelque chose de sec, de cassant ; ses doigts ressentent, en même temps, l'impression d'un corps gras, humide.

Son Excellence éprouve un moment d'inquiétude et d'anxiété. Ses mains n'osent aller plus loin, elles s'arrêtent et ramènent au grand jour..... une feuille de papier égarée dans les vêtements intimes de la jolie Carlotta. Sur cette feuille de papier, on lisait, à gauche : « Ministère des intentions de l'Empereur et des beaux-arts, cabinet de l'intendant général » ; puis, au-dessous d'une note de service quelconque, s'étalait un large cachet officiel frappé à l'huile grasse, et encore tout humide.

La pauvre Carlotta avait emporté ce souvenir du divan sur lequel M. l'intendant lui avait exprimé sa passion.

Le ministre était un soldat, un vieux brave; il en avait bien vu d'autres; il passa outre.

Puis, vint le quart d'heure de Rabelais, le moment difficile; il vient toujours, hélas! et le ministre dut s'exécuter. Il prit, sur son bureau, son timbre officiel, l'appliqua à côté de celui du secrétaire général, mit la mention approuvé, et lui envoya le tout par Carlotta qu'il congédia avec ces simples mots : S'il ne comprend pas, vous lui expliquerez.

Le secrétaire comprit très bien. Les vœux de Carlotta furent comblés et comme, peu de temps après, ministre et secrétaire général furent remplacés, elle passa petit sujet. Vienne un nouveau changement de ministère, et elle passera premier sujet.

S'il venait à la pensée du lecteur sceptique de se demander comment de tels détails ont pu être connus, je lui répondrais que je n'en sais rien. Evidemment, ministre, secrétaire ou danseuse ont dû parler.

Quel est l'indiscret? Je l'ignore.

CHAPITRE VII

UN DINER AU CABARET

La comtesse Réjane de Soldebat est ma meilleure amie, amie de fraîche date, il est vrai, car, il y a quinze jours, nous nous connaissions à peine et, aujourd'hui, nous ne pouvons plus nous quitter.

Cette chère belle a eu une idée absolument folle : elle m'en a fait part et je l'ai immédiatement partagée.

Depuis, notre unique préoccupation est de trouver le moyen de faire passer notre projet du domaine du rêve dans celui de la réalité.

Voici ce dont il s'agit.

Nous voudrions voir de près quelques-unes de ces irrégulières à la mode, de ces filles dont on vante sans cesse, autour de nous, les ressources de l'esprit, les grâces de la personne, celles qu'on appelle cocotes, d'où le nom de cocodettes donné à nous autres, femmes du monde. Méritent-elles, vraiment, leur succès? Quels moyens de séduction emploient-elles? Questions intéressantes dont la réponse est difficile. Nous voudrions être à même de la faire, à l'aide de documents recueillis et vérifiés par nous-mêmes.

Il ne s'agit pas, évidemment, d'apercevoir une de ces dames, de lui parler même, un instant. S'il s'agissait de cela seulement : nous pourrions, sous un prétexte spécieux, nous introduire chez l'une d'elles ; mais le document humain manquerait. Pour satisfaire notre fantaisie, il faudrait les voir dans l'intimité, dans... comment dirais-je? dans... l'exercice de leur profession.

Nous avons pris, l'autre jour, à part, le baron de Laporte et lui avons indiqué ce que nous attendions de lui, en enguirlandant nos explications de mines coupables. Il a cédé, sans résistance.

Laporte est un homme arrivé à l'âge dit respectable, c'est-à-dire à l'âge où on a l'expérience des hommes et des choses, voire même des femmes, qui mieux est ; âge qui ne respecte rien et connaît le moyen de tirer parti des circonstances ; âge redoutable pour autrui, agréable pour celui qui le porte ; mais respectable, jamais de la vie....

L'ami Laporte rôde autour de Réjane et de moi, depuis assez longtemps, attendant, espérant une occasion. En nous écoutant développer les phases de la petite intrigue dans laquelle le rôle principal lui était réservé, un vilain sourire agitait sa moustache. Je ne jurerais pas qu'il n'ait passé sa langue sur ses lèvres. L'occasion attendue venait enfin, se disait-il, bien sûr, et il se promettait de tirer, de nous, patte ou aile. Aussi, cette considération aidant, nous devint-il tout dévoué, et, il faut lui rendre cette justice, il prépara de main de maître la partie matérielle de notre expédition.

Une courte absence de mon mari me rendait absolument libre, pendant vingt-quatre heures ; il fallait en profiter.

Les choses furent donc, ainsi, convenues et arrêtées.

Un salon a été retenu, pour nous, au café Anglais, tout bourgeoisement. Mlles Marie Massia et Léonie Lenoir, deux beautés dont les succès à la ville égalent les succès à la scène, ont été invitées, par notre amphitryon, à une petite fête offerte à deux de ses amies, peu farouches, venues, de Bruxelles, voir la grande ville. Nous remplirons les rôles des deux amies. Un parent du baron, habitant la province, se joindra à nous. Il sera présenté à ses dames comme un naïf « très coté », perdant facilement l'aplomb à l'idée de séduire une femme à la mode. Nous verrons ces demoiselles s'empresser pour lui plaire ; nous étudierons leurs procédés et jugeront ce qu'ils valent.

Il a été juré que notre incognito serait respecté ; et nous avons fait promettre au cher Baron d'empêcher les choses d'aller trop loin, d'arrêter les propos par trop lestes et de ne pas laisser ces filles se griser.

De notre côté, Réjane et moi, nous nous sommes engagées, l'une vis-à-vis de l'autre, à ne pas nous effaroucher trop vite et sans raison, à ne pas faire les « bégueules ». Nous avions médité nos toilettes de façon à les mettre en rapport avec la situation et à nous donner un peu de montant.

Nous avons voulu arriver, au rendez-vous, de bonne heure, les premières, afin de prendre connaissance des lieux et ne pas être empruntées.

Le baron et son parent vinrent ensuite ; et, enfin, ces dames firent leur entrée. Les présentations eurent lieu. De part et d'autre, se manifesta un mouvement de curiosité, assez naturelle. L'examen réciproque de nos personnes se prolongea.

Mlle Massia a les cheveux châtains, le front haut, d'une admirable pureté ; son regard est doux et expressif, sa bouche appelle le baiser. Sa taille est moyenne et sa démarche a une sorte d'ondulation provocante. Elle est vêtue d'une robe de soie bleue, à peine ouverte. Du bas de la jupe à la ceinture, courent de petits volants découpés. Ces volants, ajoutés à l'ampleur de la crinoline, donnent à la jupe une dimension démesurée.

Mlle Lenoir est brune, a la peau très blanche ; ses yeux sont légèrement bridés et ont une expression osée, sa bouche est rieuse aux coins relevés, son menton gras indique la femme de plaisir. Sa toilette se compose d'une robe de taffetas noir avec bouillonnés séparés par de petits volants d'Angleterre ; dans les cheveux, d'étroites bandes de velours noir brodées de perles blanches.

Ces dames nous tendent la main avec beaucoup d'empressement. Elles s'expriment bien, d'une voix douce, caressante ; mais trop modulée, trop accentuée, qui rappelle la scène. Elles s'excusent d'être en retard ; elles répétaient ; elles ne jouent pas ce soir et sont libres.

Réjane et moi, nous échangeons un regard. Ce regard était un aveu : nous étions moins bien mises que ces « personnes » ; et cela nous vexait. Nous avions trop ouvert nos corsages ; les garnitures de nos robes étaient trop compliquées, trop voyantes.

La glace ne fut pas facile à rompre. Nous nous regardions en cherchant nos mots, voulant toutes quatre, réciproquement, produire bonne impression, nous « épater » et ne savions pas, au juste, de quelle façon nous y prendre.

On parla vent et pluie. J'avais vu jouer Mlle Massia, quelques jours avant ; je lui fis mon compliment.

Toutes deux nous adressent quelques questions sur Bruxelles, les plaisirs ; nous demandent si nous sommes au théâtre, si nous comptons rester longtemps à Paris. La situation devenait difficile. Heureusement, la porte du salon s'ouvre et nous passons dans la salle à manger.

Tiens, fit etourdiment Réjane, en entrant, j'ai déjà dîné là avec le Comte, Quadrousse et Citron, et puis je ne sais plus qui. Avons-nous ri, mon Dieu ! Quadrousse était complètement parti !

Cette réminiscence obtint un médiocre succès, nos compagnes, certainement, ne s'avisèrent pas que le comte en question était le légitime époux de Rejane, et parurent trouver d'assez mauvais goût cette nomenclature de noms d'hommes de haut parage. Plus de discrétion doit être dans leurs habitudes ; c'est là une nécessité professionnelle ; il n'y a pas lieu de leur en savoir gré.

La conversation languissait ; je crus la ranimer en racontant une histoire assez leste que je tenais de mon mari. Le talent du narrateur était, sans doute, pour beaucoup dans le mérite de la chose, car, en m'entendant, je jugeai mon récit terne ; le mot cru ne put pas sortir de mes lèvres ; je m'arrêtai, me repris, devins rouge, pateaugeai indignement.

Comme Laporte riait de ma déconvenue, laquelle me vexait horriblement, je me fâchait, le traitai fort mal, lui fis une scène du plus mauvais goût.

Le parent de province commença, heureusement, à délier sa langue. Il nous fit des confidences au sujet de ses chasses, de ses chevaux, de ses écus.

Ce pompeux étalage laissa froid. Il s'exprimait, du reste, d'une façon triviale, avait la voix commune. Je crus, cependant, bien faire, en lui donnant la réplique.

Et ses bonnes fortunes de Paris, il n'en parlait pas? Il m'adressa un coup d'œil des plus flatteurs et je sentis, en même temps, deux gros pieds emprisonner les miens. Je m'éloignai, furieuse, ayant, par bonheur, la présence d'esprit de me taire.

On parla théâtre et, alors, le bagout cabotin reprit le dessus. Ce furent d'interminables histoires de coulisses. Auteurs, directeurs, régisseurs, camarades, défilèrent, mis en scène de façon banale, commune, sans intérêt. On eût dit les récits de modistes ou de couturières échappées de leur atelier.

Ce n'était pas du tout sur quoi nous avions compté; Réjane et moi, nous étions toutes désappointées.

Le baron, lui-même, était moins brillant que d'habitude. Il semblait mal à l'aise dans ce milieu bigarré. Les éléments lui en étaient, pourtant, familiers ; leur assemblage, sans doute, le troublait.

Comme on allait sortir de table, Réjane crut donner quelque animation à la fête, en s'abandonnant un peu : son exemple entraînerait les autres.

— J'ai la pépie, s'écria-t-elle ; et, tendant son verre, elle vida, coup sur coup, trois ou quatre verres de champagne. Puis, passant au salon, elle se mit au piano, et d'une voix incertaine, fredonna un couplet assez canaille alors à la mode :

> Mais au champagne si tu te grises,
>   T'es f... ma chère
> Faut t'attendre à des bêtises
>   En cabinet particulier...

Ces paroles étaient indistinctes ; mais le talent de la chanteuse fit beaucoup rire : sa manière de lancer la voix, de la couvrir aux passages risqués, donnait une saveur particulière à ce chant commun et trivial.

Ce fut tout. Personne ne suivit l'exemple donné. La petite fête s'acheva, sans avoir, à la fin, plus de gaîté, plus d'entrain, qu'au commencement.

Au moment de nous séparer, Réjane, la terrible Réjane, ouvrit un moment la fenêtre : l'air froid la saisit et, brusquement, elle se rejeta en arrière, me prit le bras :

— J'ai mal. Qu'est-ce qui m'arrive ? ma tête tourne !

Elle ne pouvait plus se tenir debout, devenait pâle et semblait perdre connaissance. Avec cela, un rire convulsif, nerveux, pénible à voir. Je devins très inquiète. Le baron s'approcha et, tout bas :

— Rassurez-vous ; elle est... grise !

Il fallut l'étendre sur l'immonde divan où elle s'assoupit lourdement, la respiration inégale, entrecoupée.

Mmes Massia et Lenoir se retirèrent. Au moment de prendre congé, je les entendis s'adresser au baron sur un ton fâché :

— Oh! cher baron, avec qui nous avez-vous fait rencontrer!

La porte refermée sur elles, ce fut le tour du provincial. Il s'approcha de moi.

— Maintenant que ces mijaurées sont parties, nous allons nous amuser.

Et il fit mine de me prendre la taille.

J'avais à la main un verre d'eau préparé pour Réjane, j'eus envie de le lui jeter à la figure. Il vit mon geste, se fâcha, m'invectivant en véritable malotru.

Il fallut encore l'intervention du baron, pour ramener le calme.

J'entraînai cette malheureuse Réjane, comme je pus. En me quittant, quand elle fut déshabillée et couchée :

— Oh! chère, me dit-elle, c'est nous qu'on a prises pour les cocotes!

Ce fut la moralité de notre équipée.

CHAPITRE VIII

LA PRINCESSE TRÉCARDOFF — NOMS DES CAILLETTES — L'IMPÉRATRICE A UN BAL POPULAIRE DE FONTAINEBLEAU. — LA CRINOLINE DE Mme DE CASSETTE — VISITE DE S. M. LA REINE D'ESPAGNE A BIARRITZ. — LE DUC ET LA DUCHESSE DE CAMBACÉRÈS. — Y BLAGUADORÈS. — LA DÉCORATION DE BEAUCASTEL. — LES BUSTES DE MARGUERITE BELLANGÉ. — LES BOULETS DU COMMANDANT DUPERRÉ. — LES PLEURS DE LA PRINCESSE DE BELGRADE.

Je viens d'être très souffrante ; j'ai dû, longtemps, garder la chambre ; mes amis, mes amies, sont venus charmer ma solitude, adoucir mes souffrances. Un si beau zèle n'est pas absolument désintéressé : les femmes ne sont pas fâchées de me voir enlaidie : et les hommes comptent, au contraire, à un moment donné, sur une récompense... malhonnête. Il est toujours imprudent de descendre au fond des cœurs. Je me contente donc des apparences et j'en profite.

Un des plus assidus, parmi tant d'amis empressés à me plaire, est le comte de Baucastel, un parent éloigné de mon mari. Il est bien en cour, a une position officielle, connaît le dessous d'une foule d'histoires et est avec un vrai talent de conteur, le plus bavard personnage imaginable.

Ses récits me font passer de bons moments; je voudrais pouvoir en rappeler quelques-uns. Je n'ai, malheureusement, pas son talent, et je crains que, traduites par moi, ces histoires décousues, sans lien entre elles, ne perdent beaucoup de leur charme.

LA PRINCESSE TRÉCARDOFF

Une liaison irrégulière, consacrée par une longue durée, si connue de tous qu'elle a fini par être acceptée, unit la princesse Trécardoff avec le comte de Neuglisse.

La princesse aime les arts, le monde des artistes, des gens de lettres, de théâtre. Elle reçoit beaucoup, avec la meilleure grâce du monde et Neuglisse, toujours assidu, empressé, jouant le rôle d'un prince consort très épris, l'aide à faire les honneurs du palais où elle abrite sa grandeur, sa fortune et ses amours.

L'époux légitime, le vrai prince, ne paraît pas ; on l'a laissé là-bas, très loin, dans le Caucase ou la Finlande. C'est un homme d'esprit ; le rôle de gêneur lui répugne ; et puis il a, dit-on, trouvé des compensations à son infortune.

Les réceptions de la princesse sont gaies, animées. Une fois par semaine, elle tient table ouverte pour ses intimes. Les poètes célèbrent son esprit et ses charmes ; les peintres et les sculpteurs reproduisent, sans se lasser, son opulente image ; et ses flatteurs, Dieu sait si elle en a, affirment que ses salons laissent bien loin en arrière ceux de l'hôtel de Rambouillet.

Un de ces jours, le spirituel romancier

Edmond Bouta, celui qu'on appelle le petit fils de Voltaire, prenait part à la fête. Il était, sur un divan, assis à côté de son Altesse, car je crois bien que la princesse a rang d'Altesse, il lui parlait « gaulois », ce à quoi Son Altesse semblait prendre un plaisir extrême.

Neuglisse, lui, allait et venait, important, sûr de lui, accueillant les convives, allant de l'un à l'autre, serrant toutes les mains, s'acquittant, en conscience, de ses devoirs de maître de maison... *in partibus.*

Dans une de ses allées et venues, il passa près du divan où la princesse et Bouta étaient fort occupés l'une à écouter, l'autre à raconter. Il s'agissait, a dit depuis Bouta, d'un âne et d'un bracelet; je n'en puis dire davantage; et la princesse cachait ses joues derrière son éventail : il fallait bien que la chose fût raide. Neuglisse, très pudibond, le jugea ainsi; il s'effaroucha et s'approcha.

Ce que voyant, Bouta, avec ce ton familier et la désinvolture qui lui sont habituels, s'exclama :

— Qu'est-ce qu'il vient faire là, ce vilain jaloux ?

De quoi, dans ce propos, s'irrita le plus la princesse ? Fut-ce cette allusion, un peu trop transparente, aux faiblesses de son cœur ? Fut-ce cette façon par trop cavalière de s'adresser à son favori ? Nul ne le sait. Toujours est-il qu'elle abaissa son éventail, redressa la tête et, comme, en ce moment, le maître d'hôtel ouvrait la porte de la salle à manger, elle lui dit simplement :

— Enlevez le couvert de M. Bouta, il est obligé de nous quitter.

Cette chère princesse, comme l'appellent ses excellents amis, ceux qui vivent à ses dépens, a passé, l'autre jour, par une alarme des plus chaudes. L'émotion ressentie a été aussi imprévue que désagréable et l'aventure ne prouve pas, de la part de ses amis, un respect exagéré pour sa personne.

C'était le dimanche gras. On devait festoyer largement et, d'avance, les convives passaient la langue sur leurs lèvres et ouvraient les narines, aspirant longuement les fumets d'un couvert plein de promesses. Ils venaient de pénétrer dans la salle à manger; chacun cherchait voisinage à sa convenance, quand, au moment de s'asseoir, tous s'arrêtèrent stupéfaits, la main sur le dossier de leur chaise.

La princesse resta effarée, les yeux ronds et la bouche ouverte. Elle était, comme de coutume, avantageusement décolletée et ses seins, émus par les mouvements irréguliers de son cœur, menaçaient, à chaque instant, de franchir leur frêle barrière.

Tous les yeux suivaient la même direction. Là, en face de la princesse, à la place réservée à Neuglisse, depuis si longtemps occupée par lui, se dressait un spectre bien fait pour causer un juste effroi. Le prince Trécardorff venait d'apparaître, avec sa barbe rousse, ses cheveux roux, ses yeux bridés, son long cou et sa plaque de grand-croix sur la poitrine.

Que signifiait cette apparition? Que venait

faire cet odieux personnage, ce trouble-fête?
Qu'allait-il se passer?

Le portrait du prince occupait un grand panneau du salon vert. Tous les convives connaissaient donc ses traits, tous reconnurent sa personne. Ils pressentirent quelque chose et se regardèrent un moment en gens peu soucieux d'intervenir dans une querelle de ménage. Ils voulurent, du regard, consulter Neuglisse ; Neuglisse n'était plus là. Celui des convives, entré le dernier, resté le plus près de la porte, s'esquiva, un autre le suivit ; un troisième, apercevant une porte derrière son dos, l'ouvrit et disparut, la laissant ouverte. Tous, successivement, profitèrent de cette porte et, bientôt, prince et princesse se trouvèrent seuls.

Le prince, alors, releva la tête, étonné de la solitude subitement faite et jetant, autour de lui, un long regard :

— Sont-ils bêtes! Qu'est-ce qui les prend?

La princesse éclata de rire : elle venait de reconnaître le peintre Jean Paul, un de ses intimes.

— Je suis plus nature que je ne croyais, reprit le faux prince, en ôtant sa barbe et sa perruque. Il faut m'arrêter à temps. J'irais bien jusqu'au bout, et, des yeux, il donnait à sa phrase un sens précis.

La princesse ne sourcilla pas ; le propos, pourtant, était raide ! Elle se remettait de son court effroi et les soubresauts de sa poitrine se calmaient.

On rappela les convives qui dégringolaient les marches du noble escalier. Chacun reprit sa place ; la fête s'acheva ; on but à la santé du faux, et, qui mieux est, du vrai prince.

Les accrocs ne manquent pas, du reste, dans l'existence de la princesse. Elle a la manie d'écrire, de faire du style et, longtemps, elle échangea une intime correspondance avec Sainte-Marie, le célèbre critique. Mais voilà qu'à la mort de ce dernier, les lettres princières tombèrent en mauvaises mains ; on voulut faire « chanter » la princesse, qui dut racheter, à prix d'or, ses pattes de mouches.

D'autres fois, elle s'attire des répliques assez rudes. Tout récemment, elle a donné un très beau bal travesti dont le succès a été grand dans le monde qui s'amuse. Parmi les invités figurait le colonel Traibrave, longtemps attaché militaire à l'ambassade de « Pologne ». A tort ou à raison, la Princesse accuse le colonel d'avoir rempli, auprès de son mari, un assez vilain rôle, en le renseignant trop exactement sur ses faits et gestes, sur ce qu'on dit et pense d'elle à Paris. Il lui sembla qu'à ce bal, il la surveillait, l'espionnait ; et elle en conçut un violent dépit.

Le lendemain du bal, une amie s'excusant auprès d'elle de n'avoir pu y assister, lui demandait des détails. Toutes deux passaient en revue les travestissements et les personnes qui les portaient.

— Et le colonel Traibrave, en quoi était-il ?

— En jésuite, ma chère, et cela lui allait à ravir, je vous assure.

Une heure après, le colonel était mis au courant de l'aimable propos de la princesse. et s'en fâchait. Il accourait chez l'amie de celle-ci, lui exprimait le regret de ne pas l'avoir vue embellir de sa présence ce fameux bal dont tout Paris s'entretenait ; il insistait sur l'éclat, la richesse des costumes ; un seul faisait tache, ajouta-t-il, celui de la princesse : elle était en « femme du monde, en femme comme il faut », et le costume ne lui allait pas du tout.

Le colonel avait à peine fini sa phrase et assuré sa vengeance que l'excellente amie mettait la princesse au courant. Elle eut le bon esprit de rire. L'esprit est, il faut le reconnaître, ce qui lui manque le moins.

LES NOMS DES « CAILLETTES »

Toutes ces dames, celles qu'on désigne sous le nom de « caillettes », celles qui forment l'entourage de l'Impératrice, qui organisent les fêtes et les plaisirs, ont pris, récemment, l'habitude de se désigner, dans l'intimité, par des surnoms, des petits noms « d'amitié ».

La comtesse de Sèvres s'appelle Salopette.

La princesse de Belgrade, Cochonette.

La duchesse des Tuileries, Gredinette

Mme de Saint-Brieuc, l'Incomplète. Des gens bien informés la prétendent traitée insuffisamment par la nature : elle n'aurait qu'une fesse.

Mme de Saint-Calais, maigre comme un clou, avec une grosse tête, s'appelle Tête-d'Épingle.

La vicomtesse de Passy, Crapaudine.

Mme d'Auteuil, Grenouillette.

Mme de Vaugirard, petite et menue, est Mouchette, petite mouche.

La comtesse de Vanves, qui passe pour sotte, est Carpette, petite carpe.

Et ainsi des autres ; la liste en serait longue et certains noms semblent difficiles à divulguer.

Le plus drôle en cette affaire, est l'ignorance où sont ces dames du nom dont leurs amies les affublent. Elles connaissent le nom des autres, mais pas le leur, et sont les premières à rire quand elles s'entendent désigner ainsi. Elles ne se doutent pas qu'elles font les frais de l'esprit consommé en leur présence.

L'IMPÉRATRICE A FONTAINEBLEAU
UN BAL CHAMPÊTRE

L'Impératrice en prend, vraiment à son [a]ise. Avec une facilité extrême, foulant aux [p]ieds les vaines conventions du monde, elle [c]ommet de ces incartades défendues à une [t]ête couronnée et qu'à peine se permettrait [u]ne simple mortelle.

Pendant le dernier séjour de la cour à [F]ontainebleau, un village de la forêt célébra [s]a fête patronale. Parmi les attractions de cette [f]airie, figurait, au premier rang, un bal cham[p]être installé sous une grande tente, avec [o]rchestre de violons et de cornets à pistons.

Dans l'une de ses promenades, l'Impératrice, traversant le village, fut séduite par les [a]ccords enchanteurs de cette naïve musique. [L]e laissez-aller de ces braves paysans l'émut, [e]t elle conçut une envie folle de prendre [p]art à leurs ébats, ou, tout au moins, d'y [a]ssister, de les voir de près.

C'était un caprice difficile à satisfaire, dif

ficulté qui augmentait l'attrait de l'entreprise, lui donnait le piquant du fruit défendu.

L'Impératrice s'ouvrit de son désir, désir de femme dans une position intéressante, a-t-on dit pour l'excuser, à une de ses dames du palais ; elle n'eut pas de peine à obtenir son concours.

Mme de Grenelle se procura deux costumes de paysannes et, à l'heure dite, les deux femmes montèrent en voiture ; elles se firent conduire à l'entrée de la forêt, entrèrent dans la maison d'un cantonnier où elles s'habillèrent et, seules, riant de leur incognito, coururent au village, pénétrèrent dans la tente où la jeunesse du pays s'esbaudissait.

L'entrée des deux femmes passa, à peu près, inaperçue, au début ; mais, peu après, deux ouvriers maçons les invitèrent à danser ; elles refusèrent, repoussant gaîment les avances qui leur étaient faites.

Les maçons ne se rebutèrent pas ; ils semblaient excités et, sans être grossiers ni malapris, insistaient, voulant faire danser et boire les deux payses. Celles-ci s'éloignèrent, ls les empêchèrent de passer. L'un d'eux, ort beau garçon, étendit le bras, le passa utour de la taille de l'Impératrice et manifesta, de façon non douteuse, son intention et son désir de l'embrasser. L'autre alla plus loin et Mme de Grenelle reçut un bel et bon baiser. Le cas devenait critique quand, par bonheur, une intervention étrangère sauva la situation.

L'Impératrice avait fait promettre à sa complice le secret le plus absolu et Mme de Grenelle avait pris un engagement formel. Inquiète, cependant, de la responsabilité qu'elle assumait, elle avait, au dernier moment, prévenu son mari. Celui-ci n'osa intervenir directement; mais il s'ouvrit de l'affaire à Duperron et Ravillet, l'un aide de camp, l'autre écuyer de l'Empereur; et, tous trois, très discrètement, se promirent de veiller.

Ils étaient arrivés au bal avant l'Impératrice, avaient vu entrer les deux femmes et ne les quittèrent plus. Quand Grenelle vit le maçon embrasser sa femme, il jugea, avec raison, le moment venu d'intervenir ; ils s'avancèrent. L'Impératrice vit les sauveurs et saisit le bras de Duperron, pendant que Mme de Grenelle s'accrochait à son mari.

Les deux maçons ne cédèrent pas tout de suite ; il s'ensuivit une bousculade au cours de laquelle ils reçurent de vigoureux horions. Leurs casquettes volèrent à tous les diables et, avec elles, les perruques et les barbes postiches qu'elles maintenaient.

Dans ces deux gêneurs, sous ce déguisement grotesque, Grenelle et ses amis reconnurent le prince de Nassau et le prince Ramut, son cousin. Ils avaient, on ne sait comment, été mis au courant de l'intention de l'Impératrice et dans leur folle cervelle était venue l'idée de la tracasser. Mais comme, pour se mettre à la hauteur des circonstances, ils avaient, au préalable, copieusement dîné, ils n'étaient pas restés maîtres d'eux-mêmes et le résultat espéré s'était trouvé singulièrement modifié.

Il y eut, paraît-il, le soir au château, une rude « enlevée » dans le ménage impérial.

L'Impératrice se fâcha, pleura, répétant avec conviction, croyant s'excuser, que la reine Marie-Antoinette en avait fait bien d'autres !

Ce désir de notre souveraine de ressembler à Marie-Antoinette, de faire ce qu'elle a fait, de dire ce qu'elle a dit, prend les apparences d'une manie.

L'Impératrice a fait rechercher, dans les palais de la couronne, a fait acheter, dans les collections particulières, tous les meubles, bijoux, objets d'art, ayant appartenu à la malheureuse reine. Elle en a formé un musée au petit Trianon. Elle a placé, dans ses appartements particuliers, aux Tuileries, les plus rares, les plus curieux, les plus intimes, surtout.

Si encore Sa Majesté imitait la reine par ses beaux côtés ; mais non, comme toujours il arrive en pareil cas, ce qui la séduit dans son modèle, ce sont les défauts, les faiblesses de la reine, et elle s'efforce de les copier.

Puis, autour d'elle, on flatte ce sentiment irréfléchi, ce goût enfantin : on joue à la cour de Louis XVI.

— Je voudrais, disait l'autre jour la princesse de Belgrade, être la princesse de Lamballe de Votre Majesté !

L'Impératrice coupa court à ces protestations. Le désir de ressembler à son modèle ne va pas si loin. Son admiration connaît des bornes. Ce n'est pas elle qui se laisserait faire, qui céderait devant l'émeute et tendrait le cou au bourreau ! A la première alerte, au premier mouvement populaire, elle descendrait dans la rue, sauterait à cheval et, à la tête de ses fidèles, courrait sus aux barricades !

Ces images de bataille, de barricades, de charges à cheval, plaisent beaucoup à l'Impératrice. Elle en parle souvent, y revient volontiers.

Hélas ! La pauvre femme, elle fut emportée par le premier souffle de la terrible tempête ! Tous les fidèles disparurent et, toute seule, jetée dans un fiacre, sur le pavé de Paris, elle courut chercher asile chez son dentiste, le seul ami qui n'ait pas oublié !

LA CRINOLINE DE MADAME DE COSSETTE

La cour était à Biarritz et l'Impératrice faisait une promenade matinale sur la plage. Promeneurs et baigneurs étaient nombreux. Sa Majesté s'avançait au milieu de la foule : chacun s'éloignait respectueusement à son approche. Elle marchait lentement, saluant à droite et à gauche, avec le mouvement automatique qui lui est particulier. Elle souriait de ce sourire vague, indéfinissable dont on célèbre à l'envi le charme et la séduction, qui ne s'adresse à personne et que chacun peut prendre pour soi.

La brise était fraîche, comme disent les marins, c'est-à-dire qu'il soufflait un vent de tous les diables.

Sa Majesté arrivait à l'extrémité de la plage. Les promeneurs devenaient plus rares. Tout à coup, elle s'arrêta et, du bout de son ombrelle, montrant à Mme de Laboëse la dame du palais qui marchait à ses côtés, une femme debout avec une grosse masse noire à ses pieds :

— Qu'est-ce que cela ?

— On dirait Mme de Cossette.

— Oui, je crois, en effet ; mais devant elle ?

— Je ne vois pas très bien.

Mme de Laboëse voyait, au contraire, très bien ; mais elle voulait que l'Impératrice vît par elle-même, de ses propres yeux. Elle détestait Mme de Cossette : une belle occasion se présentait de lui causer quelque dommage, elle ne voulait pas la laisser échapper.

L'Impératrice s'approcha donc et, quand elle fut très près, elle reconnut, en effet, Mme de Cossette, fort empêchée de venir la saluer, car la masse noire gisant à ses pieds était la partie charnue de la ceinture aux jambes d'un personnage dont la figure et les mains se trouvaient engagées sous sa crinoline.

L'Impératrice se détourna pour éviter une rencontre. Mme de Laboëse poussait, à chaque pas, des oh ! et des ah ! indignés, bien faits pour agacer sa souveraine et augmenter son courroux, ce qui, en ce moment, n'était pas chose aisée, car sa gracieuse Majesté était montée au dernier cran.

L'Impératrice rentra fort irritée ; elle fit demander des explications.

Mme de Cossette se plaignit du bruit fait pour si peu de chose. M. de Magnac l'accompagnait à la promenade ; le vent soufflait fort et empêchait son compagnon d'allumer son cigare, elle avait eu pitié de son embarras et lui avait offert l'abri de la cage de ses jupes.

Le renseignement fut, en haut lieu, jugé suffisant, en tant qu'explication ; mais insuffisant en tant que justification. L'excentricité parut trop forte et l'Impératrice se décida à rayer Mme de Cossette de la liste des personnes reçues pendant le séjour de Biarritz.

Il fallait faire un exemple, ne pas laisser de pareilles audaces se produire impunément dans l'entourage, entourage d'une tenue si correcte, disent les méchants, qu'il a pu venir à l'esprit d'une femme en faisant partie, de s'oublier, en public, comme l'a fait cette jolie Cossette.

L'exclusion, du reste, ne fut pas prononcée et encore moins exécutée. Mme de Cossette est fille de trop haut et trop puissant personnage. Il n'était pas possible de sévir contre elle. Volontiers, elle eut exigé des excuses.

LA REINE D'ESPAGNE

Sa Majesté la reine d'Espagne vient, par voie diplomatique, d'annoncer sa venue. Elle veut profiter de la présence de son voisin sur la frontière de ses Etats pour lui faire une visite et resserrer, ainsi, les liens et la bonne entente qui unissent les deux nations. L'annonce de cette visite a été accueillie à la cour de France avec une extrême faveur. L'Impératrice, surtout, n'a pas cherché à dissimuler sa satisfaction de recevoir, en qualité d'Impératrice, une reine dont elle a, jadis, été la très humble sujette.

De Paris, en hâte, on a mandé le duc de

Cambacérès, grand maître des cérémonies, et on l'a chargé de régler le cérémonial à adopter par la cour de France et à soumettre à la cour d'Espagne.

Je suis, ici, obligée de greffer une histoire secondaire sur l'histoire principale.

La duchesse de Cambacérès est chauve ; elle a la tête nue comme une bille d'ivoire. Le duc n'est pas, sous ce rapport, mieux pourvu que la duchesse, au contraire, car barbe au menton et cheveux sur la tête lui font également défaut. Ce couple est un couple modèle il ignore les orages. Le jour, les époux cachent leurs crânes sous des perruques blondes. Le soir, ils dépouillent ces charmes trompeurs et, avant de prendre place dans la couche conjugale, ils s'enveloppent la tête d'un foulard aux riches couleurs.

Le jour de l'arrivée du duc et de la duchesse à Biarritz, car les deux tourtereaux sont inséparables et l'un ne va pas sans l'autre, l'Empereur dépêcha au duc, dans la petite villa où il est installé près de la résidence impériale, un de ses officiers d'ordonnance, le comte Luzy, porteur de papiers importants utiles à consulter pour régler le cérémonial de l'arrivée de la reine d'Espagne. Papiers devant, suivant la formule habituelle, être remis en mains propres.

Luzy arriva à la villa du duc au moment où celui-ci allait se mettre au lit. Il fut admis sans délai : messager de l'Empereur ne peut attendre.

Le duc et la duchesse étaient assis côte à côte, sur un divan, enveloppés dans des robes de chambre à ramages, la tête ceinte des fameux foulards.

Le duc n'était jamais apparu aux yeux de Luzy qu'orné d'une abondante chevelure, revêtu de son éclatant costume en velours violet, couvert de broderies d'or. Le personnage assis devant lui ne ressemblait pas du tout à celui-là.

Luzy ébaucha un salut, s'arrêta un peu déconfit, ses dépêches à la main, ne sachant à qui les remettre, enfin, gauchement :

— Lequel de vous est monsieur le duc ?

Le duc de Cambacérès trouva la plaisanterie mauvaise et s'en plaignit à l'Empereur.

Luzy s'empressa de justifier sa maladresse en expliquant à Sa Majesté et à tout le monde la cause de son trouble.

Il a été fait de la scène une aquarelle très réussie et pleine de couleur, grâce aux robes de chambre et aux foulards indiens.

Je reviens à la reine Isabelle et à sa visite.

Le cérémonial arrêté par la cour de France fut communiqué à la cour d'Espagne et, contre toute attente de la première, absolument repoussé par la seconde.

La reine d'Espagne, ou plutôt les grands d'Espagne élevèrent la prétention de voir Isabelle reçue en souveraine et Eugénie réduite au simple rang de sujette. Prétention qu'ils traduisaient en exigeant que l'Impératrice descendît l'escalier de son palais pour recevoir, en bas, son ex-reine, au lieu de l'attendre en haut.

L'Impératrice, naturellement, se révolta. Elle déclara que jamais elle n'en passerait par là. L'Empereur, demeuré plus calme, fit, par l'entremise de son ministre des affaires étrangères, remarquer au gouvernement espagnol que l'Espagne, étant puissance d'ordre secondaire, devait céder à la France occupant rang de grande puissance.

Les Castillans ne voulurent rien entendre. L'Impératrice simple comtesse de Téba, n'était pas de sang royal et ne pouvait marcher de pair avec son ancienne souveraine.

Les choses s'aigrirent de part et d'autre; on faillit se fâcher et peu s'en fallut que le sang coulât. Hélas! les peuples en sont souvent venus aux mains pour des querelles de telle importance, ne les intéressant pas davantage!

On pensa bien à prier Sa Majesté espagnole de rester chez elle; mais ceux qui hasardèrent une telle proposition étaient des esprits étroits, peu au courant des finesses de la politique. Quand une telle question est posée, elle doit être résolue, dut le sort des nations en dépendre. La vanité prime toujours le bon sens.

Enfin, après bien des pourparlers, après un échange de notes diplomatiques sans nombre, chiffrées ou en clair, les hautes parties contractantes, voyant qu'aucune d'elles ne voulait céder, eurent l'idée d'entrer dans la voie des concessions.

Un arrangement fut conclu, aux termes duquel chaque souveraine conserverait sa place, l'une en bas, l'autre en haut de l'escalier, et qu'elles viendraient, réciproquement, à leur rencontre : la reine montant, l'Impératrice descendant.

Les choses ainsi arrêtées, les deux peuples respirèrent et attendirent le grand jour.

C'eût été un curieux spectacle de voir ces deux femmes, séparées par les degrés, se guettant du coin de l'œil, comptant les pas et les marches, pour s'assurer que l'une montait bien pendant que l'autre descendait ; que ni l'une, ni l'autre ne trichait, enfin ! Malheureusement, il ne fut donné à personne d'en jouir.

Le peuple espagnol n'avait pas été consulté : il trouva, à l'affaire, une solution imprévue, mit sa reine à la porte. Elle se réfugia en France et traversa Biarritz en souveraine sans emploi. L'Empereur et l'Impératrice allèrent à la gare lui présenter leurs compliments de condoléance, sans plus.

C'est, même, à cette occasion, que le préfet du département, homme simple, peu habitué aux splendeurs de la cour, voyant un laquais en livrée, galonné sur toutes les coutures, le prit pour un chambellan et, passant son bras sous le sien, l'entraîna, voulant absolument lui offrir une place dans sa voiture.

Y B'LAGADORÈS

A la suite de cette infortunée reine obligée de renoncer à faire le bonheur de ce peuple qu'elle aimait tant, sont arrivés, à Biarritz, nombre de Grands d'Espagne, très petits. Ils ne descendent pas tous de Gusman, comme l'Impératrice; mais, en revanche, tous sont ses cousins.

— Quels sont ces hommes de couleur? demandait, à cette occasion, le jeune Clarens à son ami Barsac ; et il lui désignait trois petits gaillards très bruns qui, la tête haute, traversaient, en conquérants, les salons de la villa Impériale.

— Ces gentilshommes, répondit Barsac, sont des Blagadorès y habladorès de la Mendicitas di tra los montès y Pyreneos ; ils se couvrent devant leur roi, quand ils en ont, et tendent ici leur chapeau pour carotter quelques-uns de nos louis, à leur cousine, notre gracieuse souveraine.

Par malheur pour les deux interlocuteurs, l'Impératrice passa, en ce moment, et les entendit. Elle s'informa de ce qu'étaient ces deux jeunes gens, l'un auditeur au conseil d'Etat, l'autre attaché au cabinet du garde des sceaux. Ils étaient arrivés, la veille, de Paris, apportant les portefeuilles à la signature de l'Empereur.

L'Impératrice se déclara offensée par eux dans la personne des siens et exigea leur révocation. L'Empereur refusa, puis céda. Il en est toujours ainsi.

Le ministre de la justice dut également

céder; mais, en sa qualité de procureur, il trouva un biais et, après avoir révoqué les deux imprudents, leur accorda réparation dès le lendemain.

LA DÉCORATION DE BEAUCASTEL
SA VENGEANCE

Mon cousin, le vicomte de Beaucastel, est si mauvaise langue, si malveillant pour tous, que je ne suis pas fâchée à mon tour, de lui rendre la pareille, de venger ses victimes et de le mettre sur la sellette.

Beaucastel voudrait la croix, désir caché et inavoué. Dans son langage, il affecte un violent mépris pour les vaines satisfactions; aussi, l'autre jour, quand Neuglisse est venu, de la part du surintendant, lui apprendre qu'il était porté sur la liste du 15 août prochain, s'est passée, entre les deux personnages, la scène suivante :

— La décoration, à moi! Que diable voulez-vous que je f... de ça, je vous le demande?

— Vous y avez tous les droits.

— Ça, c'est vrai ; mais ce n'est pas votre petite machine qui me donnera du talent ou du pain, n'est-ce pas ?

— C'est, il est vrai, une satisfaction purement morale. Elle a, néanmoins, son prix. Elle est une preuve du cas que l'Empereur fait de vos travaux, une façon d'apprendre au public que vous n'êtes plus dans le tas.

— Alors, vous croyez que je m'en vais ficher votre affaire rouge à ma boutonnière pour me faire ressembler à un officier de la garde nationale. Et il se tenait les côtes de rire. Et puis, moi, voyez-vous, l'Empire c'est pas mon affaire !

— N'en parlons plus, mon cher, fit Neuglisse vexé. J'avais cru vous être agréable. Je dirai à l'Empereur combien peu vous êtes sensible aux satisfactions vaniteuses ; combien peu vous y tenez. Nous trouverons quelqu'un pour prendre votre place.

— Mon Dieu, reprit Beaucastel, craignant d'être allé trop loin, je comprends que l'Empereur tienne à donner, de temps en temps, sa croix à quelqu'un de propre...

— N'en parlons plus, mon cher ami.

— Je ne voudrais pas désobliger l'Empereur.

— Ne craignez rien. Sa Majesté comprendra très bien vos scrupules. L'Empire n'est pas votre affaire, vous avez la franchise de le dire.

— Entendons-nous, l'Empire et l'Empereur, ça fait deux. Je n'aime pas la cuisine politique qu'on nous fabrique ; mais j'aime beaucoup le cuisinier. Au fond, vous le savez je suis très dévoué à Sa Majesté et profondément attaché à l'ordre de choses actuel. Il ne faudrait pas que l'Empereur me prît pour un de ces intrigants comptant sur la République dans l'espérance de satisfaire leur ambition ; et, plutôt que de déplaire à Sa Majesté, j'aimerais mieux.....

— Soyez sans crainte, vous serez hors de la question. Je dirai tout simplement que l'ami Baugy, par exemple, a des droits supérieurs aux vôtres, et la chose ira toute seule.

— Oh! mais non, par exemple, pas ça. Voir cette drogue de Baugy décoré avant moi! Jamais de la vie. J'aime mieux faire des concessions.

— Pourquoi? Vous auriez tort, je vous assure. Et puis, une chose indispensable que vous paraissez ignorer : il ne suffit pas d'accepter la croix, il faut la demander, la demander par écrit.

— Si c'est une formalité obligatoire imposée à tous, je m'y soumetterai. Je ferai comme les autres.

— Ce serait, vraiment, trop vous demander.

Les deux hommes se quittèrent un peu froids. Le 15 août vint et passa. Baucastel ne fut pas décoré.

Il jura de se venger, et se vengea, en effet, de façon cruelle.

A quelque temps de là, il alla trouver Neuglisse et lui proposa de faire acheter, par l'Impératrice, quatre bustes de femmes, représentant les quatre saisons, œuvres merveilleuses, disait-il, dont un sculpteur de ses amis était obligé de se défaire.

Beaucastel est un fin connaisseur ; Neuglisse a souvent eu recours à lui pour des choix et achats officiels. Les questions d'art sont lettre morte pour l'Empereur et l'Impératrice. Cette dernière, cependant, a des prétentions : elle colorie des images d'Epinal et appelle cela faire de l'aquarelle.

Neuglisse fit favorable accueil à la proposition, la soumit à l'Impératrice et, comme c'était une « occasion » ce que Sa Majesté ne dédaigne pas, l'acquisition des bustes fut décidée. Beaucastel les fit transporter aux Tuileries. On les plaça sur leurs socles, aux quatre coins du salon rose et on attendit la venue de l'Impératrice qui voulait voir, avant de prendre un parti.

Elle vint bientôt, la charmante souveraine ; elle était accompagnée de l'Empereur. Tous deux s'approchent et regardent.

Leurs Majestés ne regardèrent pas longtemps : l'Empereur se retira sans délai, en frisant sa moustache, l'Impératrice s'enfuit tempêtant et frappant les portes.

Les quatre bustes représentaient la belle Marguerite Bellangé, le dernier caprice de l'Empereur, dans quatre poses différentes.

Neuglisse fut appelé en toute hâte et, renvoyé de l'un à l'autre des souverains, il passa entre leurs mains, un moment assez désagréable.

La princesse dont il fait le bonheur s'en mêla et, comme il essayait de se justifier, d'expliquer, elle le traita de sot, de maladroit. Lui, à son tour, se fâcha et il y eut brouille dans le faux ménage.

Les petits journaux eurent vent de l'aventure; ils la racontèrent avec commentaires et illustrations.

Le plus méchant d'entre eux fit une observation assez juste : « Les contribuables paient à Neuglisse 30 000 francs de traitement annuel pour assurer la félicité d'une princesse et conserver un musée ; puisque ses attributions sont réduites de moitié et qu'il ne fait plus le bonheur de la princesse, n'est-il pas juste de réduire son traitement dans la même proportion? »

UN DOMINO ROSE

C'est à un des lundis travestis de l'Impératrice, Messieurs, que se passa ceci :

L'Empereur dont un domino ne cachait ni la majesté, ni les traits augustes, ni les longues moustaches, fut, un moment, intrigué par un ravissant petit domino rose, pétillant d'esprit, montrant fine oreille, jolies dents et pied étroit.

Sa Majesté s'enflamme vite ; elle en a, ce soir-là, donné une nouvelle preuve. S'emparant du bras du petit domino, elle se mit en frais d'amabilité, lui serrant les doigts, la taille, et, de plus en plus excitée, l'entraîna hors de la cohue. Personne n'y prit garde, chacun étant occupé de ses propres affaires. De la galerie d'Apollon, les deux dominos passèrent dans le salon bleu, traversèrent le cabinet de travail de l'Impératrice ; l'empereur ouvrit la porte de l'escalier dérobé de ses appartements, poussant sa compagne qui, commençant à être inquiète, se défendait de son mieux.

Les transports de l'Empereur devinrent bientôt excessifs ; mais il pria et supplia en vain. Il avait cru trouver place ouverte et s'était trompé : il rencontrait une résistance imprévue. D'une voix entrecoupée, la victime laissait échapper des : Je vous en conjure, Sire, Votre Majesté fait erreur ; que Votre Majesté daigne m'écouter.

Sa Majesté n'écoutait rien, son ardeur croissait ne connaissant plus de bornes, si bien que vint un moment où...

L'Empereur, brusquement, se redressa et arrachant le masque du domino rose, reconnut le jeune duc Renold que sa petite taille, ses vingt ans, sa figure imberbe et sa voix douce faisaient appeler mademoiselle.

LES BOULETS DU COMMANDANT DUPERRÉ

Le commandant Duperré, officier d'ordonnance de l'Empereur, n'est pas seulement un marin distingué, c'est encore un homme d'esprit et un parfait homme de cour.

Entre autres talents de société, il possède celui de faire des boulets en mie de pain et de les envoyer à destination, d'atteindre son but, à grande distance, avec, simplement, ses doigts.

Une des joies du Prince Impérial, joie fort innocente, était de recevoir, dans la bouche, les boulets que Duperré lui envoyait à travers la table. Les augustes souverains toléraient pareille familiarité envers leur rejeton.

Un jour, après plusieurs boulets adroitement parvenus à leur adresse, le commandant eut une distraction, fit un faux mouvement; le boulet, manquant son but, dévia, vint frapper en plein la joue de l'Empereur, voisin de table de son fils.

Il se produisit, parmi les convives, une certaine rumeur. L'empereur fronça les sourcils, ce que voyant, Duperré, très em...nuyé, se leva de table et gagna la porte. Au moment de la franchir, il entendit la voix de l'Empereur :

— Où allez-vous, Duperré ?

— Sire, je vais me faire justice.

— Justice ?

— Oui, sire. J'ai tiré sur mon Empereur ; je dois passer en jugement ; je serai condamné à mort et fusillé. J'aime mieux devancer l'exécution et me faire sauter la cervelle. J'éviterai ainsi le déshonneur.

— Cela ferait bien du bruit, bien du tapage et serait peut-être mal interprété. J'aime mieux vous faire grâce.

— Ah ! sire, quelle magnanimité ! Qu'était la clémence d'Auguste à côté de celle de votre Majesté ?

Et Duperré reprit sa place ; les figures se rassérénèrent, mais le Prince Impérial n'eut plus ses boulets.

LES PLEURS DE LA PRINCESSE

L'histoire de la fin est fournie par la princesse de Belgrade ; elle en est l'héroïne, on le dit, du moins.

La scène se passe, comme la précédente, aux Tuileries, à table, dans le salon Louis XIV qui servait de salle à manger. La chair a été exquise, les vins ont été généreux, les convives surexcités par la digestion, l'animation, la vivacité des propos, se tiennent moins, s'abandonnent un peu.

Le voisin de table de la princesse, le géral Ryfleu, le grand veneur, lui raconte des histoires salées, de haut goût.

Il s'agissait, dans le cas particulier, de l'aventure, ou, pour être plus exact, de la mésaventure arrivée à un sénateur en mission officielle, avec l'intervention officieuse d'un préfet et d'une fille de chambre. Comme j'aurai l'occasion de revenir sur ce sujet et de raconter, plus loin, cette histoire en détails, je n'insiste pas.

La princesse riait à se tordre, d'autant plus que le héros était là, devant elle, à deux pas; elle mettait sa serviette dans sa bouche, s'essuyait les yeux, enfin, n'y pouvant plus tenir :

— Non, je vous en prie, taisez-vous, je

n'en peux plus, vous allez me faire p...leurer.

Seulement, ce ne fut pas précisément le mot pleurer que prononça la princesse.

Le général ne s'arrêta pas et ce qu'avait prévu la princesse arriva.

CHAPITRE IX

MES ESPÉRANCES D'ENTRER A LA COUR. — LES SUJETS DE CONVERSATION DES HABITUÉS DU SALON ROSE. — LE RÉCIT DE NASSABO, CHAMBELLAN DE L'EMPEREUR. — LA COUR DE VICTOR EMMANUEL A TURIN. — LE COLONEL DE GENOVA. — CRAN-CRAN ET CRI-CRI.

Me voilà revenue en santé. L'Impératrice a daigné exprimer le regret de me savoir souffrante, le désir de me voir rétablie. Ce doit être là le secret de ma guérison, dis-je à Sa Majesté, d'un accent pénétré, en m'inclinant très bas.

Le comte de Montebello a été désigné pour le poste d'ambassadeur à Rome; si, comme il y a tout lieu de l'espérer, il est donné suite à ce projet, la comtesse suivra, certainement, son mari et devra, par conséquent, résigner ses fonctions de dame du palais. De là une vacance dont j'ai l'espérance fondée de pouvoir profiter.

Aussi, je ne laisse pas refroidir le zèle de mes amis. Je les soigne tous, c'est-à-dire tous ceux en situation de m'être utiles, cela va sans dire.

Je reçois très bon accueil au château. Du haut en bas, les gens semblent prévoir ma fortune, chacun voudrait bien pouvoir en prendre sa part.

L'amitié des grands est un bienfait des dieux.

Je suis, bien entendu, de toutes les fêtes officielles, de toutes les fêtes intimes. Souvent, je m'assieds à la table des souverains et, consciencieusement, je continue mon apprentissage.

Mes journées sont, de cette façon, très occupées. Il me faut, chaque jour, me rendre aux Tuileries, prendre langue auprès des dames de service, m'informer de quel côté souffle le vent.

Le salon rose est le lieu de rendez-vous

des caillettes. Quand nous sommes trop nombreuses, nous envahissons la galerie d'Apollon. On « potine » ferme et on apprend là des choses insignifiantes d'une extrême importance. Les gens poussent des oh! des ah! en apprenant que l'Empereur est sorti en phaéton ou qu'il n'a pas pris de café; que l'Impératrice a mis une robe bleue ou un chapeau rose; que le Prince Impérial s'est chamaillé avec ses amis Conneau ou Bourgoin.

Nous écoutions bouche béante, en levant les bras au ciel, des communications de ce puissant intérêt, quand survint le chambellan de service à la porte du cabinet de l'Empereur, riant à perdre haleine.

Écoutez, écoutez la bonne histoire! Mais, pour vous la faire comprendre, il faut me permettre un préambule.

C'était de mode, l'hiver dernier, à la cour de Victor Emmanuel, le roi « galant homme », de jouer au guignol. Ces guignols, d'un nouveau genre, avaient de grandes dimensions. Les acteurs étaient en chair et en os et représentaient, le plus exactement possible, des personnages connus, en rappelaient les attitudes, les costumes, les paroles.

L'Empereur et l'Impératrice de France étaient les héros en faveur. Les représentations, lorsqu'il s'agissait de faire « la charge » de ces hautes personnalités, avaient lieu en petit comité et se dissimulaient dans les salons de la société élégante de Turin et de Florence.

L'Empereur et l'Impératrice, habillés avec la plus scrupuleuse exactitude, étaient placés côte à côte, dans la niche. Un orgue de bergame jouait par intervalles et les deux personnages ouvraient la bouche, remuaient les yeux, faisaient mille contorsions grotesques. A chacun de leurs mouvements, on entendait un bruit de crécelle, imitant celui des ressorts mal graissés d'une mécanique détraquée.

Le marquis de Genova, colonel au 18e d'infanterie, aide de camp de Son Altesse Royale le prince de Carignan, était jeune et mondain. Ce rôle de guignol nature convenait absolument à ses aptitudes et, pendant tout un hiver, il avait remporté les plus légitimes succès sous la figure de l'Empereur. Miss Edwards, une Américaine, qui possédait à un haut degré le talent de se grimer, le secondait en singeant l'Impératrice.

Les coups de langue au moyen desquels le colonel imitait le bruit des ressorts rouillés d'une machine mise en mouvement, soulevaient des accès d'interminable gaîté. Il tournait la tête : cri, cri ; il levait le bras : crac, crac ; il s'inclinait : cran, cran.

Le public trépignait, ne se sentait pas d'aise. Les plus jolies femmes de la cour, il y en avait beaucoup à cette époque, applaudissaient sans se lasser et, toutes, voulaient voir et entendre l'aimable colonel travesti en Empereur aux articulations rouillées.

Une fois même, la charmante Maria Aspronte, depuis comtesse Mistrali et ambassadrice près la cour de Vienne, obtint un étourdissant succès en posant, à la fin d'une représentation, une couronne de lauriers sur la tête du pseudo-Empereur.

L'aventure fit du bruit. Pourtant, on prenait bien ses précautions. On se cachait, de son mieux, de l'ambassade de France, de la colonie française. Pas assez bien, sans doute. L'ambassadeur fut instruit de la chose; il en prévint le ministre des affaires étrangères, et lui expédia le jeune d'Albret, attaché, qui donna des détails. L'Empereur fut, ainsi, mis au courant de la façon dont on le traitait à la cour du roi, son cousin.

Sur ces entrefaites, le roi Victor Emmanuel eut à faire à l'Empereur une communication d'ordre tout à fait intime. Il voulait informer l'Empereur, en dehors de leurs ministres réciproques, de ses intentions relatives à la reconnaissance officielle de son mariage morganatique avec la marquise de Mirafiori.

Mon préambule est fini. J'entre, maintenant, dans le vif de l'histoire.

Genova, très en faveur auprès de son souverain, reçut la mission de porter et de remettre la « lettre close » que Victor Emmanuel adressait à Napoléon III.

C'était une bonne aubaine pour le brillant colonel, une décoration à gagner, une grosse indemnité à toucher, de belles journées à passer dans Paris. Il se mit donc en route, la bouche enfarinée, fit bon voyage, débarqua hier et, ce matin, en grande tenue, faisait son entrée aux Tuileries.

L'Empereur, prévenu, attendait le messager du roi.

Il paraît qu'en traversant les salons, le colonel ouvrait de grands yeux. Il comparait, sans doute, dans son esprit, les Tuileries au Palais-Royal de Turin.

J'étais auprès de Sa Majesté quand la porte du cabinet de l'Empereur s'ouvrit pour laisser passer l'envoyé du roi des marmottes : il portait beau, en homme qui comprend son importance, et faisait preuve d'une parfaite correction de tenue. Il salua, de la main droite, présenta la lettre royale, de la main gauche, et garda sa position, attendant que

7.

Sa Majesté daignât s'apercevoir de sa présence et lui adressât la parole.

L'Empereur était assis, un peu courbé sur son bureau; il terminait une note que je devais emporter. J'attendais.

Sa Majesté se redressa et, aussitôt, nous entendons, dans le silence du cabinet, un cran, cran, indiquant, de la manière la plus évidente, que les articulations de notre souverain manquent de souplesse.

Sa Majesté tendit la main pour prendre la lettre cette fois, c'est le bruit d'un rouage mal graissé : cri, cri; elle décachette la lettre : crac, crac.

Le marquis, resté debout, semble heureux; il a, sur les lèvres, un sourire satisfait. Ainsi, c'était bien vrai, bien exact, l'Empereur n'avait pas les mouvements souples et faciles! Le colonel n'avait pas fait une charge, son jeu était juste, son imitation parfaite! Diaminé! Allait-il rire avec ses amis, quand il serait de retour là-bas! Connaissait-il assez ce petit crac, crac, tant de fois répété; grâce à lui, il avait, si souvent, fait sourire de jolies bouches ! La figure du colonel disait tout cela et bien d'autres choses encore !

La lettre ouverte, l'Empereur croise les jambes : cri, cri ; il fait un geste : cran, cran ; se soulève sur son fauteuil : crac, crac ; il reprend sa position : cran, cric, crac.

Le colonel devient un peu inquiet ; l'expression triomphante de ses traits a disparu. Qu'est-ce que cela veut dire ? Soudain, l'Empereur redresse la tête et un cran formidable se fait entendre. Sa Majesté ouvre les yeux, en montre le blanc, les fait aller à droite et à gauche, à la façon des figures de cire.

Le colonel est tout pâle, la sueur lui coule sur le front en larges gouttes. Evidemment l'Empereur sait tout et se moque de lui. Comment se tirer d'affaire ? Comment aller à tous les diables !

Moi, j'attendais toujours, et, vous pouvez me croire, je ne demandais pas du tout à m'éloigner.

L'Empereur, souriant, ne paraît se douter de rien, ses paupières ont repris leur position habituelle, couvrent à demi ses yeux. Il semble tout absorbé par la lecture de la lettre qu'il vient de recevoir, frise sa moustache et, toujours, à chaque mouvement des doigts, on entend un léger cri, cri, répété et continu.

Genova a cessé d'être pâle ; il est rouge, vert, et sue à grosses gouttes ; un léger tremblement l'agite ; le malheureux ne sait quelle contenance tenir ; ses jambes plient sous lui ; j'ai cru, un moment, le voir tomber à genoux. Cependant, il ne peut se retirer avant que l'Empereur lui ait donné congé, et l'Empereur se plaît à prolonger son supplice : il se venge, et le fait avec esprit, comme l'eût fait un simple mortel.

Enfin, le colonel peut partir ; il file et ne demande pas son reste, traverse les salons, sans les regarder, cette fois, sans s'arrêter, sans écouter, sans voir personne : il avait le feu quelque part !

S'il raconte son aventure aux marmottes, il aura un fier succès ; mais pas un de ceux dont il a l'habitude.

CHAPITRE X

MADAME ROLIN DE BERTINGY. — SON MARI ET SES DEUX AMIS. — LE BEAU LA BERGERIE. — VOYAGE EN AMÉRIQUE.

Mme Rolin de Bertingy, femme de M. le secrétaire d'Etat des complications intérieures, a, depuis longtemps déjà, la réputation d'oublier ses devoirs conjugaux, de façon aussi complète que fréquente. Elle manque d'ordre matériel et moral et, chez elle, tout va à la débandade.

Le mari a la vue courte pour tout ce qui ne concerne pas le service de l'Etat. Dans son intérieur, il est ignorant plutôt que complaisant.

Parmi tant de soupirants, Mme de Bertingy a, surtout, distingué un grand seigneur riche et généreux qui la traite mal et la rosse, quand il est ivre ; et un petit seigneur de situation modeste, de cœur simple, éperdument épris. Le mari, relégué au troisième plan, se contente d'être porte-drapeau.

Chacun, dans cette pièce à quatre personnages, a des attributions différentes : le grand seigneur est aimé, le petit seigneur aime, le mari fournit le vivre et le couvert, la femme... le reste. Cette dernière, seule, connaît la vérité sur la situation, chacun des associés croit, naturellement, duper les autres.

Ce milieu malpropre est sujet à de fréquents orages : les dépenses excessives de la femme, l'insuffisance de l'amour du grand seigneur, l'excès d'amour du petit, en sont les principales causes.

Le nom du grand seigneur nous importe peu ; le petit répond à celui de La Bergerie.

Il arriva, certain jour, que, tout à la fois, Mme de Bertingy reçut une forte volée de son amant de cœur et essuya de la part de son mari un refus formel de payer ses créanciers.

Elle perdit la tête, elle n'en a pas beaucoup, et, quittant le domicile conjugal, elle chercha refuge et protection chez ce bon et excellent La Bergerie, l'ami sûr, dévoué, loin duquel la vie lui était un si lourd fardeau.

La Bergerie est naïf, je l'ai déjà dit, qui pis est, il était sérieusement épris et, par conséquent, aveugle. Il fut profondément ému par la preuve d'attachement dont il était l'objet; cédant à son premier mouvement, au mauvais, il promit, tout simplement, à sa maîtresse, de lui consacrer ses jours et lui proposa de partir, tous deux, pour l'Amérique, pour ce pays neuf où d'aimer en paix chacun a la liberté.

Le projet sourit d'autant plus à Mme de Bertingy qu'il était plus insensé. Incapable de réflexion, elle se lança dans l'aventure n'en jugeant ni la portée ni les conséquences.

Sans plus tarder, les deux fous courent au Havre, s'embarquent et voient bientôt disparaître les côtes de France. Ils faisaient la chose avec conviction; ce n'était pas un enlèvement de convention, c'était un enlèvement sérieux, irrémédiable. La Bergerie partait sans espoir de retour ; peut-être, par exemple, n'en était-il pas de même de sa compagne.

La Bergerie occupe une petite charge à la cour, dans les commandements de l'Impératrice. C'est un très joli garçon, simple, rangé, économe, sachant se faire honneur du peu qu'il a et ayant, à cause de cela, sans doute, la réputation d'être riche.

Nos amoureux passèrent dans le ravissement les premiers jours de la traversée. Ils étaient seuls, « enfin ! » libres de s'avouer leur bonheur, de s'en donner, à chaque minute, de nouvelles preuves. Ils s'appartenaient l'un à l'autre, sans conteste, sans embarras et nul n'avait le droit de s'opposer à l'expression de leurs feux.

Puis, ils pensèrent à l'avenir, à la félicité qui leur était réservée, aux jours de joie qu'ils allaient couler, l'un près de l'autre, sur cette terre libre où sont inconnues les conventions sociales de la vieille Europe.

Ils firent de beaux projets, de doux rêves !
Ils vivraient bien seuls, bien isolés, dans une
retraite modeste et tranquille, se suffisant à
eux-mêmes.

L'épouse volage écoutait sans parler : elle
se réservait. Cette retraite excessive ne lui
disait rien qui vaille. Cette existence modeste,
pleine d'amour et de mystère, lui souriait
médiocrement. Elle comptait, dans son for
intérieur, arriver à changer ce programme,
modifier les idées de son fol amant. Elle
jugeait, assez sagement, que le moment
n'était pas venu de discuter, de soulever des
objections et, en attendant, elle faisait chorus avec celui auquel elle avait confié son
sort.

Le bon La Bergerie, transporté au septième ciel, continuait son petit boniment,
célébrant les avantages d'une médiocrité
remplie seulement d'amour. Son esprit,
méthodique, ordonné, prenait le dessus. Il
se laissait aller, parlait de travail, songeait à
se créer des ressources : il trouverait facilement, pensait-il, à donner des leçons de

français. Sa chère aimée, elle-même, pourrait aider aux dépenses du ménage, en tenant sa maison, en s'occupant de son intérieur. Combien grande serait leur félicité !

A ces mots de position médiocre, de travail, de leçons, de ressources à se créer, la chère aimée dressa l'oreille, regardant son amant pour s'assurer qu'il ne s'agissait pas d'une plaisanterie, au moins déplacée.

Que disait-il donc là ? Ne s'était-il pas, avant leur départ, procuré les moyens nécessaires pour leur assurer une existence indépendante, large, facile, sans soucis, sans difficultés d'aucune sorte, n'était-il pas riche ?

Pour riche, il ne l'était pas, tant s'en fallait ! Avant de partir, il avait chargé un ami de réaliser ses ressources et n'avait emporté qu'une faible somme. Ces ressources, du reste, n'étaient pas brillantes; il leur faudrait subvenir à leurs besoins par le travail, vivre avec ordre et économie.

Les choses prenaient, décidément, une

apparence sérieuse, une mauvaise tournure. Mme de Bertingy avait pu envisager, sans trouble, sa fuite du domicile conjugal avec toutes les conséquences qu'elle entraînait ; elle envisageait, d'une façon moins calme, la perspective d'une existence précaire. Ce côté de la question lui avait échappé. Maintenant, elle voyait combien déplorable était la légèreté de sa conduite. Ce qu'elle regrettait amèrement, ce n'était pas d'avoir commis la faute, c'était de l'avoir commise d'aussi sotte façon. Elle eût si bien pu trouver mieux ! Avait-elle été imprudente de ne pas se renseigner, de ne pas s'assurer de la valeur intrinsèque de ce fourbe de La Bergerie ! Car, décidément, cet homme l'avait trompée, l'avait indignement abusée ! Le désappointement qu'elle éprouvait en dedans se trahit, bientôt, au dehors. Elle se répandit en reproches, en récriminations, en injures !

Partir avec un pauvre diable, vivre avec un maître de langues qui courrait le cachet ! Quelle chute ! Quitter sa position, sa vie élégante, ses plaisirs, s'en aller dans une autre patrie, pour tomber dans la crotte ! Vraiment, c'était par trop bête !

Tenir sa maison ! S'occuper de son intérieur ! Est-ce qu'elle savait ? Pourquoi ne pas lui demander, tout de suite, de donner aussi des leçons, d'être modiste ou couturière ! Elle eût mieux fait de rester au logis !

Les coups de son amant de cœur, les reproches de son mari n'étaient pas après tout, si difficiles à supporter ; et puis, au moins, ce genre d'existence offrait des compensations : des baisers et des chiffons.

Les récriminations n'ont jamais rien réparé. Il était plus pratique de creuser la situation, de connaître, au juste, la profondeur du mal ; et elle se mit à faire parler La Bergerie.

Lui, naïf, toujours épris, insistait doucement sur les félicités sans bornes d'un amour vrai et partagé, sur les joies d'une situation modeste, ignorée, sans faste, sans éclat.

Ce calme, cette confiance la mit hors d'elle.

Elle s'emporta au point de ne pouvoir se contraindre, l'accabla de reproches injustes et, sur le pont du navire, devant tous les passagers, lui donna une paire de soufflets ! Il les lui rendit « lâchement » avec usure. Il fallut intervenir et les séparer ; ils allaient se prendre aux cheveux.

Mme de Bertingy voulait descendre, débarquer, être conduite à terre. Elle criait, tempêtait, comme une folle, demandant à revenir, sur-le-champ, en France, menaçant le capitaine, se refusant à continuer le voyage. Mais on était en pleine mer, par je ne sais combien de degrés de longitude nord et de latitude ouest, la malheureuse ne put obtenir satisfaction. Elle mit tout le monde au courant de ses infortunes et le voyage s'acheva, Dieu sait dans quelles conditions.

Arrivés à New-York, ils ne descendirent même pas à terre. Un autre bateau était prêt à partir pour le Havre ; ils s'embarquèrent bien vite, tant était grande leur hâte de rentrer.

Leurs ressources étaient si bornées qu'ils

ne purent payer le prix des cabines de première classe. Ils durent s'installer dans des cabines de seconde, éprouver mille gênes, des ennuis, des privations de toutes sortes.

La Bergerie, heureusement, retrouva sa place. Mme de Bertingy son mari et son amant ! Tous quatre ont retrouvé le bonheur.

CHAPITRE XI

LES PLAISANTERIES DE L'IMPÉRATRICE. — UNE RÉPONSE UN PEU VERTE

L'Impératrice vient de se faire « ramasser », comme on dit en langage de cour, de façon raide, et cela devant vingt personnes. Il faut bien reconnaître qu'elle ne l'a pas volé.

Sa très gracieuse Majesté a une déplorable habitude qui ne prouve ni son bon goût, ni son bon cœur, celle de railler les gens en face. Ses flatteurs appellent cela faire preuve d'esprit et applaudissent. Ses victimes ne peuvent lui répondre, le respect ou la crainte leur ferme la bouche ; elles sont obligées d'accepter, le sourire aux lèvres, des plaisanteries blessantes, parfois cruelles, comme, par exemple, celle que je vais raconter. Seulement, dans cette circonstance, la victime s'est rebiffée au lieu de tendre le cou.

M. de Bertingy, c'est de lui dont il s'agit, n'a pas été sans connaître les détails de la dernière escapade de sa femme ; mais comme, par faiblesse ou par amour, il a pardonné, chacun, plein d'égards pour sa personne, pour sa position, évite toute allusion déplacée, tout souvenir offensant.

Des complaisants avaient, hier, dans la journée, longuement, compendieusement, raconté à l'Impératrice l'histoire de cette invraisemblable fuite en Amérique, sans lui faire grâce, bien entendu, des côtés scabreux dont elle est si friande. Elle avait la tête pleine, il faut peu de chose pour la remplir, du récit des infortunes conjugales de monsieur le secrétaire d'État et de tout ce dont il était redevable, à ce sujet, envers La Bergerie

Or voilà que le soir, après dîner, l'Empereur absent pour je ne sais quel motif, une idée absurde traverse l'esprit de l'Impératrice, celle de plaisanter Bertingy sur ses malheurs, et, en manière de début, elle entame l'éloge de La Bergerie, vante son esprit, ses séductions, physiques et morales, excusant les femmes qui cèdent à ses charmes vainqueurs, déplorant le sort des maris dont la femme rencontre un tel homme, car elle doit infailliblement succomber. Il faudrait qu'un mari inspirât un bien fol amour à sa femme pour que celle-ci eut la force de résister à La Bergerie. Que tous les maris ne ressemblent-ils à La Bergerie ! Il y aurait moins de mauvais ménages. Par bonheur, les maris sont indulgents ! Et comme si ce n'était pas encore assez, bien que ce fût déjà trop, Sa Majesté ajouta :

— N'est-ce pas que j'ai cent fois raison, monsieur de Bertingy ?

Et elle souriait, satisfaite, contente de l'effet produit.

Tous les assistants éprouvaient un sentiment de malaise ; pas un, cependant, n'eut le courage de paraître désapprouver Sa Majesté ; au contraire, on ne vit sur les lèvres que des sourires flatteurs ; on n'entendit que des murmures approbateurs, des oh ! et des ah ! admiratifs.

M. de Bertingy pâlit légèrement ; il s'inclina un moment, sous le coup, puis releva la tête en homme qui prend son parti. Son œil brilla et, sans chercher ses mots, sans hésiter, d'un air bonhomme :

— Vous avez mille fois raison, Madame, il existe, parmi les hommes comme parmi les femmes, des êtres extraordinairement doués sous tous les rapports, ils ne connaissent pas les obstacles. A certaines femmes, rien ne résiste ; il faudrait que toutes les épouses leur fussent semblables, il y aurait aussi moins de mauvais ménages. Heureusement, les femmes sont indulgentes, elles rendent justice à leurs faibles mérites et excusent les légèretés du mari quand une séduction de ce genre les entraîne. C'est ainsi que, paraît-il, en ce moment, une vile créature, une fille, sème le désordre dans plus d'un ménage : cette fille, d'une catégoric peu relevée, nommée Marguerite Bellangé......

Il se fit un grand bruit de chaises, de fauteuils mis en mouvement ; chacun toussa, se moucha, pour couvrir la voix de Bertingy et l'empêcher de continuer. Il n'en avait pas envie, du reste. Il en avait dit assez.

Comment sauver la situation ?

J'eus une inspiration, me levai, et, m'approchant d'une fenêtre :

— Monseigneur, fis-je en m'adressant à Son Altesse, le Prince Impérial ; venez voir, il neige, les arbres sont déjà blancs. Tout le monde se leva, courut aux fenêtres, l'Impératrice avant les autres.

La conversation reprit, mais changea de sujet. Il faisait moins froid dans le jardin que dans le salon.

CHAPITRE XII

LE PREMIER HOMME D'ÉTAT DE FRANCE.
L'ORTHOGRAPHE DU NOM DE ROUHER

Soyez donc le plus grand homme d'Etat de votre pays, soyez donc le premier personnage de l'Empire après l'Empereur, d'autres disent avant, pour qu'il vous arrive une avanie semblable à celle dont vient d'être victime Son Excellence M. Rouher, ministre d'Etat.

Comme il venait d'être grand-père, il voulut faire acte de bon citoyen, de bourgeois correct, ne cherchant pas, dans sa haute situation, un moyen de se soustraire aux strictes obligations de la loi, les mêmes pour tous, en pareille circonstance. Au lieu de mander à son hôtel maire et employés, qui se fussent empressés, il voulut aller lui-même, à la mairie, déclarer son petit-fils à l'état civil.

Il ne lui déplaisait pas, sans doute, de faire preuve, par cette démarche, d'une feinte humilité. C'était un peu une réclame que le grand ministre comptait se tailler auprès du bon populaire. Le personnel des bureaux, ces humbles, seraient flattés de voir un personnage de sa taille s'abaisser jusqu'à comparaître devant eux. L'Empereur, même, ne pouvait manquer de rapprocher cette simplicité des vaniteuses dispositions étalées par tant d'autres hauts fonctionnaires.

La presse s'emparerait du fait et la renommée aux cent bouches le répéterait à tous les coins de l'horizon.

Le cortège habituel, père, nourrice, enfant, témoins, se met donc en route, et arrive à la mairie.

On fait, au bureau, les déclarations nécessaires et, les premières formalités remplies, l'employé, d'un ton rogue, il n'en connaissait pas d'autre, s'adresse à Son Excellence :

— Vous êtes témoin?

— Oui, Monsieur.

— Votre nom et vos prénoms dans leur ordre d'inscription sur votre extrait de naissance?

— Eugène Rouher.

— Eugène Rou..... comment dites-vous?

— Rouher.

— Ça s'écrit?

— R-o-u-h-e-r.

— Il n'y a pas d'*e* à la fin?

— Non, Monsieur.

— Eh! bien, ça fait Rouhé et non pas Rouhère. Enfin ça m'est égal, passons.

— Vos prénoms?

— Eugène.

— Et puis, après?

— Après, c'est tout. E u g...

— Pas besoin d'épeler. Votre profession?

— Ministre d'Etat (après une pose), grand officier de la Légion d'honneur.

Sans paraître le moins du monde impressionné, l'employé inscrivit le titre et la dignité avec la même indifférence qu'il eût mis avocat ou cuisinier.

Les formalités terminées, tout le monde se retira. Resté le dernier, M. Rouher entendit l'employé, s'adressant à ses collègues :

— En voilà un qui est ministre d'Etat, grand officier de la Légion d'honneur, il s'appelle Rouhé, ça se prononce Rouhère, connaissez-vous ça?

Son Excellence éprouvait, évidemment, quelque déception; il avait, cependant, conservé le sourire bienveillant, l'air calme qui lui étaient habituels. Il pensait, sans doute, au dedans de lui, que la gloire et les honneurs sont bien peu de chose, puisque, dans une mairie de Paris, à deux pas du Corps législatif où sa personne tenait tant de place, son nom était inconnu.

Le ministre eut la fantaisie de s'informer de cet employé, de savoir ce qu'il était, ce que ses chefs pensaient de lui. On lui transmit ses notes, elles étaient excellentes. On le proposait pour l'avancement.

Et comme le préfet vit dans la démarche

du ministre une preuve d'intérêt en faveur de cet employé, l'avancement attendu lui fut immédiatement accordé.

Le ministre laissa le pauvre diable faire son chemin.

CHAPITRE XIII

MONSIEUR DE SAINT-ALBIN. — LA LECTRICE DE SA MAJESTÉ. — UN SAC DE BONBONS. — SON ALTESSE LE PRINCE IMPÉRIAL ET UN CENT-GARDE.

En entrant, cet après-midi, dans « le salon des dames », j'ai aperçu Mlle Bouvet, la belle lectrice de l'Impératrice, en conversation très animée avec un horrible petit vieux, mal mis : habit noir déformé, cravate en corde, entourant un col de chemise frippé, les mains sales et un chapeau graisseux à la main.

Ce grotesque tirait de son chapeau, un petit bouquet et un sac de bonbons qu'il offrait à Mlle Bouvet. Celle-ci refusait, se défendait, mettait ses mains derrière son dos, pour montrer son intention bien arrêtée de ne pas accepter les présents dont voulait la combler celui que les « caillettes » appelaient plaisamment son amoureux et qui s'appelle réellement M. de Saint-Albin.

— Non, Monsieur, je ne veux pas de vos fleurs. Vous les déshonorez en les mettant dans votre chapeau, et vos bonbons, ne pourriez-vous les apporter à la main? Regardez votre chapeau, est-il possible qu'un galant homme en possède un semblable.

— Mon chapeau, Mademoiselle? Il est neuf. Je l'ai acheté la semaine dernière, après votre refus d'accepter mes violettes.

— Comment, votre chapeau est neuf? En une semaine, vous l'avez mis dans cet état !

Et, ne voulant pas plus longtemps désespérer le pauvre homme, Mlle Bouvet prit les fleurs et les bonbons, avec un air ennuyé, disant clairement ce qu'elle pensait : Qu'en faire, mon Dieu!

Elle regardait autour d'elle, cherchant un endroit où les déposer, quand parut le baron de Bourgoin, écuyer de l'Empereur. Elle alla, vivement, à sa rencontre :

— Mon cher baron, je vous attendais ; ayez donc l'obligeance de remettre, de ma part, ces bonbons à Irène. Votre pauvre enfant est toute souffrante, dit-on, j'ai le regret de ne pouvoir aller l'embrasser.

Le baron avec sa bonne grâce, tout à la fois, fière et bon enfant, remercia, bien qu'il eut l'air assez ennuyé, fort empêché qu'il était de tenir son chapeau, son steack et les bonbons. Charmante femme, Mlle Bouvet, semblait-il dire, fort aimable ; mais le diable emporte ses bonbons ! Où les fourrer ? Je ne peux pas les mettre dans ma poche, je vais monter à cheval toute la journée.

Vint à passer le docteur Conneau. Le baron lui barre le chemin, l'arrêtant au passage :

— Je vous guettais, docteur. Je suis chargé par ma fille de vous remettre ce sac de bonbons pour votre fils. Vous lui direz que c'est de la part d'Irène. Il comprendra ce dont il s'agit, paraît-il.

Puis, sans laisser au docteur le temps de refuser, de demander des explications, le baron s'esquiva en hâte. En le regardant s'éloigner, le docteur disait, à part lui : Quelle idée a ce cher baron, de m'apporter ces bonbons! Je ne rentre que tard chez moi ; je n'ai pas ma voiture ; comment faire ? Cette petite Irène est très gentille ; mais elle pourrait bien s'acquitter elle-même de ses commissions..... S'il y avait un enfant ici, je ferais son bonheur.

La providence, sans doute, l'entendit, car elle exauça ses vœux. Le Prince Impérial montra son fin museau et sa riante figure. Sans tarder, le bon docteur courut au-devant de lui :

— Monseigneur, voici des bonbons que je vous apporte de la part de mon fils.

Le prince, lui, ne fit pas de façons. Il ouvrit le sac et se mit à croquer. Par malheur, l'Impératrice était à quelques pas derrière ; elle vit le mouvement de son fils.

— Comment, Louis, tu manges encore des bonbons, malgré ma défense ?

Et, prenant le sac des mains de l'enfant, elle le tendit à... Mlle Bouvet, qui la suivait et qui le prit d'un air consterné.

Ce fut un éclat de rire général : la présence de l'Impératrice fut impuissante à le modérer. Elle était d'aimable humeur et demanda la cause d'une si folle gaîté. Quand elle fut mise au courant, elle rit imitant ses simples sujettes. — Que ferait Mlle Bouvet avec ses bonbons? Elle les garderait dans ses mains toute la journée? elle n'avait qu'à les manger! Mlle Bouvet fit un signe de dégoût.

L'Impératrice allait sortir et, déjà, les portes étaient ouvertes. Sur le palier de l'escalier, on apercevait, immobile, la haute silhouette du cent-garde, en faction.

J'eus une idée qui, tout de suite, obtint grand succès : donner les bonbons au cent-garde.

Le prince n'en entendit pas davantage. Avec la soudaineté de décision qui caractérise les enfants, il se saisit du sac de bonbons et courut au cent-garde, le lui offrant gentiment, avec de petites mines drôles.

Le soldat, esclave de sa consigne, conserva sa position, ne broncha pas, ne fit pas un mouvement; il semblait ne pas voir, ne pas entendre Son Altesse qui, Elle, ne comprenant rien à ce mutisme, insistait, lui mettait les bonbons dans la main.

La scène durait depuis quelques instants; le Prince commençait à s'impatienter; ses yeux eurent un éclair de malice et, saisissant le sac par le fond, il le versa dans la botte du cent-garde.

Alors, ce ne furent plus des rires, ce furent des marques enthousiastes d'admiration pour l'esprit, l'à-propos, l'initiative, la résolution dont monseigneur faisait preuve. Comme Son Altesse savait sortir d'embarras, d'une situation difficile! Quels heureux présages on devait tirer d'un caractère qui se manifestait de cette façon, dans un si jeune enfant! Quelles espérances n'était-il pas permis de concevoir et combien la France devait s'estimer heureuse en pensant qu'un jour elle confierait ses destinées à un tel prince !

Pendant toute la promenade, tout le dîner, toute la soirée, il ne fut pas question d'autre chose. Longtemps encore, on en parla.

CHAPITRE XIV

FANCHETTE. — LE CABINET DE L'EMPEREUR. — JALOUSIE DE L'IMPÉRATRICE. — SCÈNE CONJUGALE. — DÉPART DE L'IMPÉRATRICE POUR L'ÉCOSSE.

Brouille sérieuse dans le ménage de nos souverains.

L'Empereur a tort et l'Impératrice n'a pas raison.

L'Empereur ne veut accepter, dans ses plaisirs, ni gêne, ni privations : tout caprice du seigneur doit être satisfait.

L'Impératrice ne veut supporter aucun écart de conduite, ne veut tolérer aucun coup de canif dans son contrat, faisant ainsi preuve des sentiments les plus bourgeois.

De là, de fréquents troubles et, parfois,

des orages qui, comme celui-ci, menacent de tout emporter.

Donc, ces temps derniers, l'Empereur avait entendu parler des mérites d'une jolie fille, montrant ses jambes sur un petit théâtre, et le reste dans maint autre lieu. Du fond d'une avant-scène, il jugea justifiés les éloges adressés à Fanchette, la petite cabotine en question, et voulut s'assurer si elle gagnerait à être vue de plus près. Rabachi, l'intendant de ses plaisirs, amena la drôlesse dans la petite maison de la rue d'Astorg.

Fanchette ne se contentait pas d'être une jolie fille ; il se trouva qu'elle n'était point sotte et qu'elle sut amuser le souverain, chose assez malaisée. Une pointe canaille est condition nécessaire, paraît-il. Chaque soir, elle attendait, dans la petite maison, l'heure du berger ; et, l'Empereur, quand le cœur lui en disait, « lâchait » sa cour pour venir oublier, près d'elle, le soin des affaires de l'État.

L'Impératrice gardait le logis, jouait au « loto » avec ses dames. Elle eût volontiers filé, avec rouet et fuseaux, comme le faisait Marie-Antoinette à Trianon ; mais elle ne savait pas. Poussant de gros soupirs, elle déplorait, en termes convaincus, les exigences de la tâche imposée, à l'Empereur, par ses devoirs de souverain.

Lui, le « patron », comme on disait entre courtisans, descendait au rez-de-chaussée, dans ses appartements, gagnait la cour du Carrousel, montait dans son petit coupé noir, conduit par Charles, le cocher fidèle et discret, et courait au bonheur.

La porte de la petite maison qui était très grande et ressemblait à toutes les autres maisons du quartier, s'ouvrait discrètement ; le coupé entrait, la porte se refermait et le souverain, descendu de son trône, déposait, pour quelque temps, son sceptre et sa couronne.

Le dieu des amours veillait sur Sa Majesté, et, longtemps, tout alla bien, ou alla mal, suivant le degré de morale du lecteur ; puis la Providence occupée ailleurs regarda de ce côté et l'accroc, nécessaire au triomphe de la vertu, vint à se produire.

Un jour, Fanchette eut un caprice; c'était son droit, en sa qualité de femme aimée; elle voulut aller voir son amant aux Tuileries; elle voulut admirer, en Empereur, sur son trône, au sein des grandeurs et au sommet du pouvoir, celui qui, jusqu'à présent, était apparu à ses yeux, en simple mortel, dépouillé de tout attribut, civil ou guerrier.

L'Empereur ne vit aucun inconvénient à satisfaire ce caprice. Il ne lui déplaisait probablement pas de se montrer dans tout l'éclat de sa gloire, au milieu des splendeurs de son palais, à qui l'avait seulement vu dans un modeste nid d'amoureux. Il donna donc les indications nécessaires à l'aimable Fanchette : elle se présenterait au château, montrerait patte blanche, c'est-à-dire lettre d'audience bien en règle, trop en règle, hélas! au nom de la « comtesse des Feuillants », et elle serait introduite avec tous les honneurs dus à une petite personne de son importance. Aucune crainte, aucune inquiétude à avoir : le cabinet impérial est lieu inviolable. Les portes sont munies de verrous et protégées par des chambellans.

Les choses suivirent leur cours, se passèrent comme il en avait été décidé. A l'heure dite, la jolie Fanchette entrait dans le salon des aides de camp où elle excita le plus vif enthousiasme et ne fut pas reconnue. Qui pouvait se douter ? Elle traversa le salon d'attente, et le chambellan de service, le duc de Nassabo, un duc vrai et authentique, lui ouvrit respectueusement la porte du cabinet dans lequel l'Empereur travaillait au bonheur de ses sujets.

Fanchette parut étonnée. Elle s'attendait à trouver l'Empereur assis sur son trône, entouré de sa cour, comme les rois des féeries dans lesquelles elle figurait en maillot. Mais, la première impression passée, elle s'abandonna à sa joie d'être aux Tuileries, fit, bientôt, preuve de la plus détestable éducation, singeant le chambellan, en habit de velours grenat, qui lui avait servi d'introducteur, regardant tout, touchant à tout, demandant à l'Empereur de ceindre sa tête de la couronne, de prendre son sceptre, et, en fin de compte, allumant une cigarette. Peut-être, après tout, s'est-elle vantée !

L'Empereur riait de son éternel sourire, bon et indulgent, d'homme distrait, s'amusant de la grâce, de l'air déluré, des allures canailles de la petite. Elle s'approcha d'une fenêtre, regardant les allants et venants, un moment silencieuse, comme perdue dans de graves réflexions. L'Empereur était derrière elle. Soudain, elle se retourna et, d'un brusque mouvement, se pendit à son cou.

Trois portes donnaient accès dans le cabinet de l'Empereur : l'une, la porte principale, était gardée par un chambellan ; la seconde, habituellement fermée, s'ouvrait sur la salle du conseil ; la troisième conduisait à l'appartement privé et au petit escalier faisant communiquer l'appartement de l'Empereur à celui de l'Impératrice. Les gens du service privé surveillaient cette dernière et laissaient, en général, les personnes de l'intimité s'en servir ; mais elles devaient, toujours, être annoncées. L'Empereur poussait un verrou, quand il ne voulait pas être dérangé. Ce jour-là, par malheur, il eut une distraction et commit un oubli.

Au moment où Fanchette, dans un élan de tendresse, se jetait au cou de l'Empereur, cette troisième porte s'ouvrit doucement; par l'entre-bâillement, parut une tête de femme, jeune, blonde, fort jolie, qui s'avançait, souriante et gracieuse. A la vue du groupe enlacé près de la fenêtre, l'indiscrète s'arrêta, la figure subitement rembrunie, les sourcils contractés, le regard mauvais, elle se retira et, sans bruit, referma la porte.

L'Empereur, sans doute, pensa au verrou, car il alla le pousser :

— Allons, Fanchette, fit peu après Sa Majesté, il faut partir.

Et Fanchette, soumise, prête à obéir, chercha des yeux une glace pour rajuster sa coiffure. La glace de la cheminée étant trop haut placée, elle sauta à pieds joints sur une chaise. L'Empereur, assis à côté, lui chatouillait les mollets, ce qui faisait rire, comme une petite folle, la charmante enfant.

— Ah! sire, finissez, de grâce!

Et, gentiment, elle sautait tantôt sur un pied, tantôt sur un autre.

La grande porte, celle dont nul ne pouvait franchir le seuil sans un ordre de l'Empereur, s'ouvrit toute grande et donna passage à l'Impératrice, que suivait la comtesse Kapriska.

La comtesse était la jolie personne qui, tout à l'heure, s'était présentée et esquivée. Elle n'avait pas eu besoin d'un long examen pour voir ce dont il s'agissait. Jalouse, ayant le droit de l'être, dit-on, elle était allée tout raconter à l'Impératrice.

Les deux femmes, ayant trouvé verrouillée la porte des appartements, avaient rétrogradé et l'Impératrice, bravant les rigueurs de l'étiquette, était, par le salon des aides de camp et le salon d'attente, arrivée devant la grande porte du cabinet de l'Empereur. Le chambellan auquel la comtesse des Feuillants avait remis une lettre d'audience ne pouvant croire l'Empereur en bonne fortune, avait laissé troubler les amours illicites de son « auguste maître ».

A la vue de l'Impératrice, l'Empereur cessa de chatouiller et Fanchette cessa de rire. La petite drôlesse eut, tout de suite, le sentiment de la situation; elle sauta à bas de sa chaise, remit son chapeau d'aplomb et disparut. La comtesse en fit autant, mais resta entre deux portes, prêtant l'oreille.

L'Empereur essaya de s'en tirer à bon compte, en se taisant. Il voulait, avant de s'avancer, savoir au juste de quoi il retournait, et il attendait.

L'Impératrice le prit de haut; elle était édifiée. Chatouiller les jambes d'une jolie fille n'a, en effet, jamais été regardé comme une obligation imposée à un chef d'Etat. Elle se refusa donc à prendre le change et l'Empereur dut entonner un autre air.

Il parla en coupable convaincu du délit, en bourgeois surpris par sa femme à un rendez-vous galant. Il ne fallait pas donner d'importance à un caprice d'un moment, à une distraction ne laissant ni traces, ni souvenirs.

Cet air-là, paraît-il, avait été chanté trop souvent, il n'eut pas plus de succès que le premier, courbant l'échine, l'Empereur laissa passer l'orage, se bornant à répondre, de loin en loin :

— Ugénie, tu vas trop loin ! Ugénie, tu dépasses les bornes !

Quand « Ugénie » eut été trop loin, eut dépassé toutes bornes, elle éclata en sanglots. L'Empereur poussa un soupir de soulagement : c'était la fin. Il le savait par expérience.

Au commencement de son règne, l'Empereur avait promis à ses sujets que l'Empire serait la paix. S'il ne la donna pas aux autres, en revanche, il ne l'eut guère chez lui.

Les sanglots se prolongèrent outre mesure, avec une intensité croissante. L'Empereur eut la malencontreuse inspiration de vouloir imposer son autorité. Mal lui en prit. L'Impératrice se révolta.

— Je veux m'éloigner, partir. J'emmènerai Louis.

— Si tu tentes une équipée de ce genre, je te fais enfermer. Nous nous séparons pour toujours.

— Je deviens folle.

— Je le crains.

— Faites-moi enfermer, si vous voulez. Je serai moins malheureuse dans un couvent, dans une prison, que dans ce palais où je suis un objet de raillerie, de dérision...

— Peux-tu parler ainsi !

— ... Où je m'avilis en subissant une situation humiliante.

— Ugénie... Ugénie...

— Non, je n'accepterai jamais ce rôle dégradant de fille, d'esclave, servant à vos caprices.

— Où prends-tu tout cela ? Tu sais, au contraire, que mon affection...

— Oh ! votre affection, elle vous remplit le cœur, n'est-ce pas ? La première drôlesse venue vous la fait oublier. Que de fois, déjà, n'ai-je pas dû subir pareil affront !

Et les sanglots reprirent de plus belle, au milieu de paroles entrecoupées :

— Je veux partir. Je veux partir.

— Tu oublies qui tu es. Tu oublies que la moindre démarche inconsidérée de ta part devient un scandale.

— Si je l'oublie, vous n'y pensez guère pour votre compte.

— Ugénie... Ugénie...

— Je veux m'en aller.

— Où veux-tu aller?

— Je ne sais pas. Je veux partir.

— Tu réfléchiras. La réflexion te rendra plus raisonnable.

L'Impératrice réfléchit, sans devenir plus calme, le lendemain même de cette triste scène, elle partit. L'Empereur la laissa faire. Elle alla en Ecosse et y demeura cinq semaines.

Elle voyagea incognito, fit là-bas des largesses, des actes de munificence à peu de frais, en distribuant quelques vases de Sèvres. C'était, pour elle, un moyen économique de reconnaître les services rendus.

Le bateau à bord duquel elle se promena sur le lac Lomond fut, ainsi, payé du prix de son passage, et jusqu'à ces derniers temps, on put voir, dans le salon du bord, dressé sur un socle, un vase portant l'inscription : « Don de Sa Majesté l'Impératrice Eugénie. »

Voyant que l'Empereur ne la rappelait pas, et craignant qu'il n'ait trouvé à se distraire avec une autre Fanchette, l'Impératrice prit le parti de revenir.

Les journaux officieux avaient donné l'état de sa santé, pour cause de son départ ; le même motif servit à expliquer la durée de son absence. Le bon public n'y regarde pas de si près.

CHAPITRE XV

M. LE PRÉFET DE SOMME-ET-SEINE. — Mlle GOTTE. — M. SESTRI SÉNATEUR EN MISSION EXTRAORDINAIRE.

Fébrier, préfet du département des Hauts-Monts, vient d'être nommé préfet du département de Somme-et-Seine, une première classe. Le public a été étonné. Rien, dans le nouveau préfet, ni le savoir, ni le talent, ni l'expérience, encore moins la tenue, ne justifie un tel avancement.

L'événement demande une explication et l'explication entraîne une histoire. Elle ne sera ni longue, ni ennuyeuse.

La scène se passe dans la chambre d'honneur, la chambre de l'Empereur, de la préfecture des Hauts-Monts :

Grande pièce, trois fenêtres, un lit debout, en bois noir, avec ornements en cuivre doré, des fauteuils en satin cerise, bas, profonds, un tapis rouge par terre, une tenture grenat sur les murs, une table couverte de dossiers et de dépêches. Sur la cheminée, un buste en plâtre du chef de l'Etat surmontant un socle en marbre avec cadran. En face des fenêtres, deux grands portraits de LL. MM.

Les bougies des candélabres, les lampes des consoles entre les fenêtres sont allumées et éclairent la pièce d'une lumière éclatante qu'avive encore le ton rouge des tentures de l'ameublement.

Un bon feu brille dans l'âtre : on est à la fin de septembre, déjà, les soirées sont fraîches. Les portières des portes, les rideaux des fenêtres, sont baissés. Il règne, dans la chambre, une tiède et assoupissante température.

M. Sestri, sénateur en mission extraordinaire, est arrivé, le matin, à Grand-Pont, chef-lieu du département des Hauts-Monts. Il a procédé dans la journée, à l'inauguration du monument élevé à Jacques Durand, général du premier Empire, illustration locale que, jusqu'à ce jour, il avait ignorée. Il a présidé un banquet, prononcé ce qu'on appelle un « grand discours politique » et, après une réception, à la préfecture, de tous les fonctionnaires du département, il s'est retiré dans son appartement et prend quelque repos.

M. le sénateur repasse, dans son esprit, les incidents de cette journée dans laquelle il a constamment été en évidence. Il marche à grands pas, continuant son rôle, le regard droit, la tête levée, les mains derrière le dos, et parlant à haute voix.

— Bonne journée pour l'Empire et pour... son serviteur. J'ai obtenu un succès assez vif, je peux le reconnaître. Je n'aime pas à exagérer mes mérites ; mais, en revanche, j'ai horreur de la fausse modestie. Ma personne a produit bon effet et le passage de mon discours sur « le relèvement des masses »!... L'Empereur sera content! Ai-je été assez applaudi! J'ai enlevé l'assistance, positivement. C'est une de ces phrases creuses qu'on ne comprend pas, qui ne signifient rien, et après lesquelles on crie toujours bravo, même à la Chambre. J'ai été assez brillant, ce soir, encore, à la préfecture ; mon air de bonhomie m'a permis de dire bien des choses sages et justes, sans, pour cela, prendre des allures de prud'homme.

J'étais bien aise de lui donner une leçon, à ce préfet quasi orléaniste. Ses allures légères lui ont mérité une triste réputation. S'il n'était pas un ami de Fleury... Je n'aime pas les préfets célibataires. Quand je lui ai lâché ma phrase : M. le préfet, la correction de tenue est aussi nécessaire que le dévouement à l'Empereur et à la dynastie ; c'est elle qui fait les administrateurs forts et leur donne une légitime influence ; il a baissé le nez. Moi, j'en suis pour les vertus bourgeoises, la fidélité conjugale.

Les pensées de Sestri, détournées de leur objet par ce souvenir de son ménage, suivirent une autre direction. Il se tut, se sentant heureux de vivre, à l'aise dans cette chambre chaude, confortable, à l'abri du vent qui souffle au dehors.

Une glace, placée en face, lui renvoie son image et il se sourit avec complaisance.

Pierre Sestri a dépassé la cinquantaine ; il est de forte taille, avec cette pointe d'embonpoint qui sied aux hommes politiques ; ses cheveux sont rares, ses dents ont perdu leur éclat ; mais son regard est demeuré très vif.

Sans être un aigle, ce n'est pas un sot, tant s'en faut. Il est bon époux, bon père. Jadis, il n'a pas donné l'exemple de beaucoup de vertus ; l'âge est venu et il blâme, chez les autres, les erreurs qu'il ne peut plus commettre. Champion de la morale publique, il parle volontiers de correction de tenue, de régularité de conduite. Il avait précisément été chargé sous un prétexte officiel de venir à Grand-Pont faire une sorte d'enquête sur les allures du préfet, accusé d'introduire, à la préfecture, des habitudes regrettables. Avant de sévir, le ministre voulait être renseigné.

Le préfet, qui savait à quoi s'en tenir, ne se faisait pas grande illusion sur son sort.

Sestri se regardait donc dans une glace avec un sourire bienveillant, pensant que, le lendemain, il retrouverait son cher intérieur, sa femme, ses enfants. Allongé dans son fauteuil, les jambes étendues, suivant des yeux la fumée de son cigare, il laissait aller son imagination.

Une porte s'ouvrit, une portière fut soulevée, et parut une jeune fille portant un plateau qu'elle déposa sur un meuble. En se retirant, elle aperçut l'hôte de la chambre, poussa un petit cri et devint toute rouge.

C'était une fort jolie fille, pas trop grande, bien faite, le corsage plein, les cheveux d'un blond ardent. Un épais chignon, relevé un peu haut, dégageait sa nuque. Ses mains tombaient le long de son corps, et comme, pour s'excuser, elle entr'ouvrait les lèvres, elle laissa voir de toutes petites dents, très blanches. Sa toilette révélait sa condition : une robe de serge gros bleu, tout unie, un petit col plat, avec un nœud rouge.

Eh! bien, pensa Sestri, ma morale de ce matin était en situation. Est-il tolérable qu'un préfet célibataire ait, dans son hôtel, une fille de ce calibre.

La jeune fille, debout au milieu de la chambre, balbutiait timidement, à voix basse, s'excusant d'avoir dérangé M. le sénateur. Elle croyait M. le sénateur encore au salon, ne savait pas qu'il fût rentré.....

M. le sénateur admirait beaucoup la jolie fille et l'écoutait peu. Il essaya, cependant, de la rassurer par quelques bonnes paroles. La pauvre enfant, très troublée, se taisait, touchante dans son maintien modeste, les yeux baissés, les bras ballants, le corsage agité.

Un tison roula du feu, la jeune fille s'élança, et, saisissant les pincettes, remit les bûches en ordre.

Vaguement Sestri la regardait s'acquitter de sa besogne. Sa taille courbée, ses bras tendus laissaient s'accuser les saillies de son corsage. Son corps, vivement éclairé à rebours par les flammes du foyer, se détachait en sombre, faisant valoir la transparence des chairs des mains et de la figure. Un charbon sauta sur sa robe ; elle secoua ses jupes, les relevant un peu plus, peut-être, qu'il n'était nécessaire les agitant d'un mouvement provocant qui laissa voir ses petits pieds chaussés de pantoufles noires à talons, ses chevilles aux attaches fines et sèches et ses bas blancs bien tirés. Puis, les jupes retombèrent, la jeune fille, posant les pincettes, se redressa, souriante et gracieuse, portant les deux mains à sa nuque pour assujettir son épais chignon, ébranlé par tout ce mouvement.

Il fallait bien reconnaître tant de soins. Sestri fit l'aimable, s'informa d'elle, lui demanda si elle était du pays, comment elle s'appelait ? Ce qu'elle faisait à la préfecture ?

Sans difficulté, elle raconta sa petite histoire.

Elle se nommait Marguerite, Gotte, en patois du pays. Elle était nièce du concierge de la préfecture. Elle aidait au service de la maison, pendant la présence de M. le sénateur, parce qu'on avait cru que Madame accompagnerait Monsieur ; alors, elle aurait servi de femme de chambre.

Gotte se tenait, en parlant, le coude appuyé sur le marbre de la cheminée, s'exprimant avec volubilité, l'accent traînard et chantant, niaise plutôt que naïve.

L'entretien continua, ce bon Sestri était d'aimable disposition ; son sang agité l'empêchait de penser au sommeil et il ne lui déplaisait pas de réjouir ses regards de la vue d'un joli minois. Louis XIV n'était-il pas poli avec sa blanchisseuse ! Il oubliait certain proverbe qui recommande aux gens prudents de ne pas jouer avec le feu.

— Vous étiez à la fête, aujourd'hui, jeune Gotte ?

— Oui, monsieur le sénateur. J'ai assisté à la revue du général, aux exercices des pompiers, au défilé des sociétés de gymnastique et des sociétés chorales. J'ai entendu leur musique. J'ai entendu votre discours. J'ai vu le banquet. Et la petite paysanne, très délurée, faisait suivre chacune de ses énumérations de scènes d'imitation, et de singeries amusantes.

— Vous étiez au banquet, quand j'ai prononcé mon discours.

— Oui, monsieur le sénateur. Ah! comme monsieur le sénateur a bien parlé du commencement des farces !

— Du com..... du relèvement des masses !

Et Sestri daigna rire de la simplicité de la fille des champs. Il s'amusait du bagout de la petite, évidemment intimidée et peu habituée au commerce des grands. La fumée de la gloire et les fumets du banquet aidant, le sénateur se sentait gaillard, son sang circulait plus vite, il retrouvait les impressions d'un temps, hélas! si loin; il eut l'imprudence d'oublier ce précepte de la sagesse antique : Plus facile est de s'abstenir que de se retenir : aussi fut-il puni de sa témérité. A un moment où Gotte détournait la tête, il avança le bras, l'arrondissant pour lui prendre la taille. Heureusement, il eut le temps de réfléchir, la main resta en route et revint s'appuyer sur ses genoux.

Il reprit contenance; il eût, maintenant, voulu voir loin cette fille bavarde. Ce fruit savoureux lui semblait trop vert.

— Allons, jolie Gotte, il faut aller vous coucher.

Et sur cette sage invite, Sestri jeta son cigare au feu, étendit les bras, étouffa un bâillement, en homme fatigué, heureux de gagner son lit.

Le diable veillait, sans doute, cette nuit-là, à la préfecture de Grand-Pont, et s'était promis de se mettre un sénateur sous la dent, car la sagesse de Sestri eut un résultat tout autre que celui attendu.

A cette invitation de s'éloigner, Gotte sourit, montrant ses blanches dents, ses lèvres vermeilles, ses yeux brillants. Elle laissa voir, en même temps, entre le cou et l'oreille, une place toute rose et blanche, qui semblait appeler le baiser.

La chair est faible et, qui pis est, c'est qu'elle est forte. Le pauvre Sestri en fit, ce jour-là, la dure expérience, oubliant la distance qui sépare un sénateur d'une humble servante, il appliqua, sur la petite place blanche et rose, un ardent baiser et, s'étant assis, Gotte se trouva sur ses genoux, sans qu'il sût comment la chose s'était faite.

L'odor feminea le grisa tout à coup : bientôt, ses yeux ne purent se détacher d'une boucle de cheveux roux qui, séparée du chignon de Gotte, sautillait gaîment sur sa nuque ; et il embrassa la boucle, comme il avait, tout à l'heure, embrassé la nuque.

Gotte s'était levée, l'air toujours souriant, mais devenue un peu sérieuse.

Sestri était troublé, les paroles en situation ne se présentaient pas. Par contenance, pour parler, il demanda à Gotte si elle voulait venir à Paris.

— Ça ne serait pas à faire.

— Pourquoi donc?

— Mon oncle y voudrait pas. Y dit que si j'allais à Paris, bien sûr, je ferais là-bas ce que j'ai fait au pays.

— Qu'est-ce que vous avez donc fait au pays?

— (Baissant la tête.) J'ai fait une faute.
— Une faute ? Mais quelle faute ?
— J'ai fait, avec M. Raoul, ce qu'on doit faire, en mariage seulement, avec son mari.
— Ah ! bah !
— (Hésitant un peu.) J'ai perdu mon capital, quoi ! comme dit Mlle Estelle, la bonne amie de M. le préfet.

Le sénateur riait à ne pouvoir se contenir. Une telle inconscience dépassait toutes bornes. Avouer avec tant de candeur une faute de cette nature touchait à l'innocence.

Gotte reprit sa place sur les genoux officiels, l'amoureux Sestri lui serre la taille, les mains, caresse ses épaules. Elle s'abandonne un peu, sa tête s'incline sur la poitrine du grand homme qui, bien vite hors d'aplomb, couvre de baisers ses cheveux, ses yeux, et arrive jusqu'à ses lèvres. Les mains, elles-mêmes, ne restent pas inactives et deviennent d'une audace inquiétante pour la vertu de Gotte. La pauvrette se défend sans succès ; elle entend murmurer à son oreille de tendres propos, les offres les plus alléchantes,

— Ma jolie Gotte, puisque tu as déjà fait une faute avec un autre, tu peux bien en faire une avec moi.

— Vous ne voudriez pas. Vous dites ça pour vous moquer.

— Tu es très jolie, tu me plais beaucoup...

Et, tout en parlant, le sénateur dégrafait le corsage, détachait la ceinture. Gotte résistait, se défendait bien, mais sans succès. Elle était impuissante à repousser les mains qui la déshabillaient. Le lit était tout prêt ; elle s'y sentit portée et, pleine de honte, cachant sa figure, elle se blotit sous les draps.

La victoire avait été prompte et imprévue. Le combat, cependant, avait échauffé le vainqueur. Il s'arrêta un moment, reprit haleine, but quelques gorgées d'eau, s'assura que les portes étaient closes, poussa les verroux, souffla les bougies, baissa les lampes et se mit en mesure de retrouver Gotte.

Bientôt, il eut dépouillé toute pompe ; il parut, alors, dans le modeste appareil, commun à tous les mortels, qu'ils soient sénateurs, ministres, ou simples électeurs. Il éprouvait un frémissement qui lui rappelait ses vingt ans ; s'approchant du lit, il s'y glissa, pudiquement, il est vrai, mais avec plus de hâte que ne l'avait fait Gotte, un moment plus tôt.

Sestri le vertueux s'étendit et avança une main pressée, nerveuse. Au moment où cette main atteignait le corps de la soubrette, celle-ci poussa un cri à demi étouffé, fit un saut de carpe :

— Vous me chatouillez, vous me chatouillez. Je peux pas me retenir de crier. Je suis chatouilleuse, moi. Je veux pas qu'on me chatouille.

Il essaya de la calmer ; il fallut quelque temps. Il riait de l'incident. L'effroi de la pauvre fille l'amusait. Enfin, elle se blottit, de nouveau, ramenant, le plus possible, les couvertures autour d'elle.

Il s'approcha encore, l'embrassant doucement.

— Oh ! comme vous sentez fort !

— Je sens l'homme.

— M. Raoul aussi était un homme et

même un fier homme ! Il sentait pas fort comme vous. C'est y qu'il était plus jeune?

— Sais-tu que tu n'es pas aimable, petite drôlesse.

— Je peux pourtant pas vous dire que vous êtes comme M. Raoul. Il avait vingt-cinq ans, lui.

Et, à une nouvelle tentative de rapprochement de son compagnon, Gotte s'écria :

— Oh ! comme vous êtes gros ! Vous prenez toute la place. Vous me poussez, je vais tomber.

Un moment après, nouveaux cris :

— Voilà encore que vous me chatouillez. je vas crier. Je peux pas me retenir.

Le même manège se répéta cinq ou six fois de suite.

Les ardeurs amoureuses du pauvre Sestri commençaient singulièrement à perdre de leur énergie et, par un juste retour, lui apparaissaient la fausseté de sa position, l'énormité de la sottise à laquelle il s'était laissé entraîner.

Il se leva, n'ayant rien de mieux à faire,

et, très vexé de son échec, il raviva la lumière des lampes, se sentant un peu honteux du désordre de la chambre. Les vêtements de Gotte, les siens, s'étalaient ensemble sur les sièges, sur le tapis. Fallait-il être bête, pour se mettre en pareil état !

— Je suis malade. J'ai soif, réclama Gotte.

Sestri s'exécuta, remplit un verre d'eau et le lui apporta.

— C'est pas bon, ce que vous me donnez là. Ça ne sent rien. J'ai apporté, sur le plateau, un flacon de kirsch. Avec beaucoup de sucre, s'il vous plaît.

— Maudite drôlesse, t'imagines-tu que je vais te servir.

Gotte se prit à pleurer ; ses larmes devinrent des sanglots bruyants, continus.

— Pourquoi vous me maltraitez ? Je vous ai rien fait, moi ? Je pensais pas à mal, quand je suis venue dans votre chambre faire mon service. Vous m'avez dit des gaudrioles. Vous m'avez prise de force. C'est honteux pour un homme comme vous, un homme établi. Si mon oncle s'aperçoit que j'ai pas couché dans ma chambre, j'en recevrai, une enlevée! Vous en serez cause. Je veux m'en aller.

Ce disant, l'aimable Gotte sauta en bas du lit, ramassa ses vêtements épars, en fit un paquet, le mit sous son bras et se dirigea délibérément vers la porte.

Sestri se précipita vers elle, la saisit juste à temps pour l'arrêter.

— Tu ne peux pas t'en aller dans ce costume. Habille-toi. Où veux-tu aller ?

— Pourquoi que vous me tutoyez? Nous n'avons rien fait de mal ensemble. Je veux aller dans ma chambre.

— Où est-elle, votre chambre ?

— En haut.

— Et si quelqu'un vous rencontre en chemin, que pensera-t-on ? Que direz-vous ?

— Eh ben, je dirai la vérité. Je dirai que je suis entrée dans votre chambre faire mon service, que vous m'avez retenue de force, que vous m'avez déshabillée, couchée dans votre lit. C'est-y pas vrai? Et que je me suis sauvée. Voilà ce que je dirai.

Malgré la légèreté de son costume, le sénateur sentit la sueur lui couler dans le dos.

— Allons, ma petite Gotte, ne fais pas la méchante. Tu étais si gentille, tout à l'heure. Voyons, qu'est-ce qui te prend?

Doucement, il la fit revenir, s'assit, la prit sur ses genoux, essayant de la ramener, de lui faire entendre raison. Elle était donc capricieuse comme une jolie fille. Un moment plus tôt, elle était douce et avenante et, tout à coup, elle devenait grincheuse, détestable. Elle repoussait son ami.

Gotte, maintenant, se taisait, paraissait se calmer. Pelotonnée sur les genoux de son « ami », elle s'enveloppait de ses jupes. Le feu s'éteignait, il commençait à faire frais; prise d'un bon mouvement, elle mit un peu de sa robe sur les jambes de l'infortuné sénateur, qui eût payé bien cher pour être hors de portée de telle faveur.

Mais voici que le contact de cette chair

jeune, de cette peau tiède, que le frémissement nerveux qui agitait les membres de Gotte, commencèrent de nouveau à le troubler et, bientôt, il oublia ses tourments à peine dissipés. Il serra tendrement la jeune fille dans ses bras, déposa un baiser sur un bout d'épaule offert à ses lèvres, et, tout bas :

— Allons, ma Gotte, te voilà redevenue gentille. Veux-tu aller te coucher ?

— Vous me chatouillerez pas ?

— Non, non.

Gotte se mit au lit, sans plus de façons, et Sestri l'imitait quand la lampe, conservée pour veilleuse, s'éteignit tout à coup et Gotte de crier :

— J'ai peur, j'ai peur. J'aime pas voir noir. Faut faire de la lumière.

Sestri se dirigea, comme il put, vers la cheminée, y trouva, à grand'peine, des allumettes et parvint à rallumer les bougies des candélabres.

De nouveau, Gotte demanda à boire : beaucoup de kirsch, beaucoup de sucre, et Sestri, furieux, dut s'exécuter. Ce breuvage énergique mit la petite coquine en gaîté, gaîté aussi bruyante, aussi dangereuse que ses larmes. Il ne fut pas facile de la faire taire.

Sestri s'habilla; elle rit beaucoup : il avait une si bonne tête! Puis, tout à coup, le silence se fit : elle dormait.

Les fatigues de cette nuit n'avaient guère reposé l'infortuné sénateur des fatigues de la journée. Il se sentait un impérieux besoin de sommeil. Il s'assit dans un fauteuil, attendant que le jour parût.

Quelle nuit! Après les triomphes du jour précédent, en être venu à quêter les faveurs d'une fille de chambre; et, qui, plus est, ne pas les obtenir !

Une lueur blanche passa à travers les fentes des rideaux, Sestri ouvrit ceux-ci : une pâle clarté envahit la chambre, pleine du désordre de cette déplorable nuit. Gotte dormait toujours, blottie sous les couvertures, laissant à peine entendre le souffle égal de sa respiration. Il la réveilla sans grandes précautions. Il fallait qu'elle s'habillât et regagnât sa chambre, au plus vite.

Elle ne fit pas trop de façons, étendit les bras, bâilla et, sans hâte, commença à s'habiller. Elle semblait endormie de corps et d'esprit, ne disant rien, ne faisant aucune attention au malheureux homme qui, impatient, la pressait, lui tendait ses vêtements.

Au moment de partir, tout en agrafant sa robe, elle rompit le silence :

— Quoi que vous allez me donner ?

— Je vais te donner mon pied quelque part, si tu ne f... pas le camp, et vivement.

— (Avec un mouvement de tête.) Ça se passera pas comme ça, alors. Je m'en vais plus.

Et elle quitta sa robe.

— Misérable coquine !

Comme il lui saisissait le bras, Gotte poussa des cris de détresse. Il lui mit la main sur la bouche, la laissa se débattre un instant ; puis, retrouvant son calme, il mit deux louis sur une table :

— Tiens, prends et va-t'en.

— Deux louis, pour une nuit ! C'est pas à

faire. Vous n'êtes pas un homme chic, pour un sénateur. Pas assez, encore trois ?

Le sénateur s'exécuta.

Gotte empocha les louis, donna un dernier coup d'œil à la glace, pour constater l'état de sa coiffure et, désignant une porte cachée sous une portière, à la tête du lit, poussa, tout à coup, un bruyant éclat de rire :

— La porte de la chambre de M. le préfet est restée ouverte ; il aura tout entendu !

Sestri sentit le sang lui monter au cerveau ; il vit rouge, s'avança vers la jeune fille, le geste menaçant.

Celle-ci, d'un bond, fut hors de sa portée. Elle salua profondément, en vraie soubrette de comédie, soulevant les deux pointes de son tablier.

— Estelle, des Folies Dramatiques, très humble servante de M. le sénateur.

Puis, déposant les louis sur une table, elle disparut.

C'était le comble ! Il avait été joué et bien joué. Que faire, comment sortir de ce fossé ? Le préfet et cette petite misérable étaient là à deux pas, riant de lui. S'il leur prenait fantaisie de mettre le public au courant, que ferait-il ? Comment répondre ? Comment se justifier ? Oh ! ce préfet ! C'est lui qui le tient, maintenant. Il faudra qu'il le ménage, qu'il achète son silence. Il sera bien venu à parler, désormais, de tenue correcte, de réserve nécessaire.

S'il ne parvient pas à étouffer cette sotte affaire, si les échos en arrivent à ses collègues du sénat, à la cour ! Et sa femme, sa chère femme pour laquelle il éprouvait une tardive recrudescence de tendresse, que dirait-elle, en apprenant de tels écarts de conduite ! Puis, sans se l'avouer, il souffrait dans son amour-propre du rôle ridicule que lui avait fait jouer la résistance de cette fille.

La journée s'écoula longue et pénible. Chaque mot, chaque phrase prononcés lui semblait une allusion, une raillerie à son adresse. Le préfet fut, toutefois, très convenable et Estelle ne parut pas.

Quand, enfin, vint l'heure du départ, le

sénateur poussa un soupir de soulagement. Il rentra à Paris. Ses amis le trouvèrent morose, taciturne. Il rendit compte, aux membres du conseil, de son voyage, des incidents qui l'avaient marqué, de ses observations, de l'enthousiasme dont les populations lui avaient donné de nouvelles preuves en faveur du régime impérial, de la dynastie, et de son auguste chef.

Il resta quelques jours sans paraître, sans se montrer, même au Sénat, en proie à des affres terribles, croyant, à chaque minute, voir paraître l'orage et éclater la foudre.

Une semaine, un mois, puis deux s'écoulèrent. Le calme se fit, peu à peu, dans son esprit et il commença à compter sur l'impunité.

Son irritation s'apaisa ; il vit la chose sous un aspect moins inquiétant. Ce préfet, en somme, n'était pas aussi noir qu'on le prétendait. S'il s'était conduit envers le délégué du ministre avec une coupable légèreté : sa situation menacée l'excusait jusqu'à un certain point. S'il l'avait mis dans une fausse position, c'était pour le forcer à l'indulgence. En tous cas, on ne pouvait lui refuser le mérite d'être discret.

De là à penser au moyen d'assurer cette discrétion et de montrer à son subordonné qu'il lui savait gré de se taire, d'imposer silence à sa complice, la distance n'était pas grande. Sestri mit donc en pratique la théorie du pardon des injures et voulut contraindre son ennemi à la reconnaissance.

Depuis longtemps, Février demandait de l'avancement; Sestri lui fit obtenir pleine et entière satisfaction.

Seulement, le ministre oublia la séduisante Estelle ; elle n'eut pas sa part du gâteau et en conçut de l'aigreur. Toute autre à sa place en eût fait autant et comme, peu après se rompirent les doux liens qui l'unissaient à Février, elle se vengea. Ses indiscrétions dépassèrent toutes limites. Peut-être bien, même, ajouta-t-elle à la vérité.

CHAPITRE XVI

MALADIE DU ROI JÉROME. — LE VIEUX PERSISTE. LE DIRECTEUR GÉNÉRAL DES TÉLÉGRAPHES

L'ex-roi de Westphalie, le roi Jérôme, comme on dit volontiers ici, est malade. On parle de la possibilité d'un dénouement fatal et, d'avance, il est question des magnifiques funérailles de S. M. ; chose plus intéressante pour beaucoup, on discute, sans trop savoir, à qui appartiendront les bribes des pensions, revenus, rentes, dons faits par le neveu à l'oncle.

La cour était à Saint-Cloud. Les dépêches se succédaient d'heure en heure, tantôt bonnes, tantôt mauvaises. Vers le soir elles étaient devenues à peu près rassurantes et on se mit à table sous une favorable impression.

Néanmoins, l'inquiétude de l'Empereur persistait; il attendait avec impatience la confirmation de l'amélioration signalée.

On lui remet une dépêche, il l'ouvre, lit rapidement. L'expression de sa figure s'est singulièrement rembrunie. Il lit une seconde fois. Ses paupières s'abaissent lourdement, cachant son regard. Il frise sa moustache, son front exprime la plus vive contrariété. Au lieu de rendre la dépêche au secrétaire qui attendait, il la met dans sa poche et garde le silence.

Les convives deviennent muets. Ils échangent, à la dérobée, des regards inquiets et du maître, imitent l'attitude troublée, mécontente. Qu'est-il survenu? La santé du roi, son oncle, ne peut lui causer une telle impression.

Le repas s'achève. L'Empereur se lève et, suivi des convives, passe sur la terrasse du château. Il fait signe à M. de Persigny, alors ministre de l'intérieur, rentre avec lui dans un salon, lui remet la dépêche.

M. de Persigny lit à son tour et ses traits

expriment la même expression de colère, de mécontentement qu'avait, tout à l'heure, exprimée la figure de l'Empereur.

— Il est probable, dit celui-ci, que cette dépêche a été mise sous mes yeux par inadvertance. Elle ne m'était pas destinée et devait, sans doute être expliquée et traduite, je veux bien le croire ; mais elle montre, dans son laconisme trivial, de quelle façon, en quels termes, un employé subalterne, un chef de service, se permet de parler d'un ancien souverain, de mon oncle, de mon plus proche parent. Inconvenance ou indiscrétion, je veux que son auteur soit découvert, qu'il soit puni, comme il le mérite. Je veux que celui qui a commis cette maladresse, s'il n'y a rien de plus, apprenne à ses dépens comment on doit se conduire envers moi, envers les miens.

M. de Persigny, très contrarié de la sottise dont s'était rendu coupable un employé de son administration, veut immédiatement, commencer une enquête. Il prend congé de l'Empereur, emporte la dépêche et part pour Paris. Il arrive au ministère, fait appeler le chef du service des télégraphes. Bien entendu, on ne le trouve pas. Personne chez lui. On ne sait où il est. A force de recherches, on finit par trouver un chef de bureau, garçon très zélé, venu au ministère, en dehors des heures réglementaires, préparer un travail pressé. Il comparaît devant le ministre. Celui-ci, sans dire un mot, lui donne la dépêche à lire. Le malheureux la prend, lit, devient tout pâle reste atterré. Il avait lu : Le vieux persiste. Le vieux, en parlant d'une tête couronnée, en parlant de l'oncle de l'Empereur !

Il est tellement abasourdi qu'il ne peut, tout d'abord, donner aucune explication. Puis, peu à peu, il se remet, exprime l'indignation qu'il éprouve ; mais il connaît l'employé qui a fait, aujourd'hui le service du château. Il sait où le trouver. Il part et le ramène.

Le ministre, que tous ces retards avaient énervé au plus haut point, était au comble de l'exaspération. A la vue de l'employé, il entre dans une colère bleue, l'apostrophe de la façon la plus vive et, en forme de conclusion, lui met sous les yeux, la désastreuse dépêche.

— Lisez-moi cela, Monsieur le mauvais plaisant.

L'employé s'approche, tremblant de tous ses membres; il hésite un moment, balbutie...

— Vous ne savez donc plus lire, maintenant, reprend le ministre, de plus en plus furieux.

L'autre fait un effort et, d'une voix à peine distincte, lit : Le mieux persiste.

— Hein ! vous dites ? s'écria le ministre en lui arrachant la dépêche des mains.

— Le mieux persiste.

Le ministre a repris la dépêche, lit à son tour. Maintenant, il lit, très distinctement, le mieux. Il n'y a pas de doute, pas d'hésitation possible. Où donc avait-il la tête pour lire autre chose? Comment l'Empereur a-t-il pu s'y tromper?

Et, comme la colère qui couvait au dedans

de lui voulait absolument éclater, il s'en prit au chef de bureau et le traita de la bonne façon, lui demandant en fin de compte, ce qu'il faisait dans son bureau à pareille heure. Pourquoi travaillait-il ainsi en dehors des heures réglementaires? Qui avait autorisé une semblable infraction?

Cet acte de sagesse et de justice accompli, M. de Persigny remonte en voiture, arrive à Saint-Cloud ; malgré l'heure avancée, se fait annoncer chez l'Empereur, et lui lit la nouvelle, la vraie traduction de la dépêche.

L'Empereur jeta sa cigarette, en alluma une autre et, au bout d'un instant :

— Ce petit employé, vous le connaissez? Ne le perdez pas de vue. Ce garçon est un malin. Il a su bien adroitement se tirer d'un mauvais pas. Il faudra penser à lui.

L'Empereur y pensa, en effet, et ce petit employé, qui s'appelait de Rougy, devint, un peu plus tard, directeur général des lignes télégraphiques.

CHAPITRE XVII

NÉRO MALADE

Mon cher mari, emporté par son imagination, vient d'être victime d'une amusante aventure. Il a le bon esprit d'en rire le premier ; il raille son excès de zèle et raconte volontiers son histoire. Je lui laisse la parole.

Nous étions quatre ou cinq fidèles qui, après avoir dîné au château, à Saint-Cloud, y passions la soirée.

Le repas avait manqué de gaîté. Il y avait eu quelque trouble dans le ménage impérial. L'Impératrice avait pris la mouche à propos de je ne sais quelle frasque de l'Empereur et les deux époux boudaient.

Il régnait, du reste, depuis quelque temps,

dans les hautes sphères du gouvernement aussi bien qu'à la cour, un malaise indéfinissable.

La conférence de Londres venait de se réunir à la suite de la guerre des duchés, et chacun se demandait, avec une certaine appréhension, ce qui allait advenir.

Aussitôt après le dîner, l'Impératrice s'était retirée avec le prince impérial; et l'Empereur, après avoir fumé quelques cigarettes, en faisant silencieusement les cent pas sous les platanes, était, à son tour, rentré dans son cabinet, situé au rez-de-chaussée.

Réfugiés dans la salle de billard, au pied de l'escalier, nous pouvions, par les portes restées ouvertes, apercevoir l'intérieur du salon servant d'antichambre au cabinet de l'Empereur. Nous causions presque à voix basse, ne songeant pas à continuer la partie commencée, et chacun se livrait à des commentaires, à des appréciations sans fin, sur ce qu'allaient faire l'Autriche et la Prusse, la Russie et la France.

Tout à coup, nous voyons l'Empereur

sortir de son cabinet, traverser le salon et arriver à la porte. Il m'appelle de sa voix sourde et voilée.

A cet appel, si inusité, si en dehors des conditions ordinaires, nous sortons tous, croyant à quelque accident. L'Empereur se retirait déjà, se contentant de dire, tout en marchant:

—Veuillez, je vous prie, attendre un peu, avant de rentrer à Paris.

Je répondis à Sa Majesté que j'étais à ses ordres et allai retrouver ces messieurs qui commentaient, en la déplorant, la façon dont le service était fait auprès de l'Empereur. Sortir de son cabinet, appeler lui-même, était absolument en dehors de toutes règles, de toute tradition. C'était un signe des temps, un funeste présage qui devait faire tout craindre.

Par moments, le service n'était pas toujours régulièrement fait à Saint-Cloud. Tantôt chacun s'acquittait de sa charge avec une parfaite correction, tantôt, au contraire, c'était un laissez-aller extrême. Il nous fut impossible, ce soir-là, de nous procurer une carafe d'eau frappée. On nous avait apporté un plateau chargé de sirops, mais pas d'eau. Les valets d'office avaient disparu: personne ne répondit, même, à nos coups de sonnette.

Il n'était pas encore dix heures, quand la voix de l'Empereur se fit entendre, de nouveau : — Monsieur de Taisey.

Je quittai, en hâte, la salle de billard.

— Voici une lettre, me dit l'Empereur, remettez-la, je vous prie, au général Henavant.

Le général Henavant était, alors, le plus important personnage du ministère de la guerre.

Je pris la lettre et m'éloignai.

L'Empereur me rappela :

— Remettez la lettre ce soir. Je voudrais avoir la réponse demain, de bonne heure.

Je partis un peu ému. Le général Henavant était l'ami, le conseiller du moment. Il était venu dans la journée au château. Que pouvait lui vouloir l'Empereur pour désirer aussi promptement son retour? Enfin, ce n'était pas mon affaire.

Je pris congé de mes amis, fis avancer ma voiture et filai sur Paris.

Chemin faisant, je pensai au message que venait de me confier l'Empereur. Je laissai aller mon imagination. La causerie du billard m'avait disposé à voir les choses sous un aspect grave. Je pensai à tous les racontars des journaux, à l'entrée en campagne qui, évidemment, se préparait, au départ de la flotte pour la Baltique, au salut ou à la perte du Danemark. La Suède serait-elle avec nous? De quel côté se rangerait la Russie? Jamais autant de politique extérieure ne m'avait rempli la tête! Les chances de guerre devenaient sérieuses ; et je pensais à la fameuse phrase de l'Empereur à ses débuts : L'Empire, c'est la paix. Que de guerres nous avions déjà eues, depuis cette promesse !

L'Empereur voulait, sans doute, voir le général pour prendre un parti, s'entendre avec lui sur la portée de quelques dispositions, avoir des renseignements... Que sais-je? J'en vins à penser que je jouais le rôle d'un messager d'État. Un pressentiment me disait que cette lettre, là, dans ma poche, devait contenir une déclaration d'où dépendait la paix de l'Europe !

Je traversai le Bois de Boulogne. Les promeneurs étaient nombreux et je devinais, dans les groupes, de graves préoccupations. J'entendais, au passage, des mots inquiétants. Près du lac jouait un orchestre ambulant : était-ce un effet de mon imagination ? J'entendis, nettement, les accents de la *Marseillaise*. Un léger frisson me parcourut des pieds à la tête ; il me sembla entendre sonner le clairon des batailles.

Le long des Champs-Élysées, beaucoup de monde. Evidemment, les préoccupations étaient grandes, la population paraissait animée, excitée. Des officiers que je voyais assis devant les tables des cafés, combien reviendraient de là-bas ! Je m'agitais dans ma voiture. J'avais hâte d'arriver. Le général m'apprendrait, peut-être, quelque chose.

A l'hôtel, le général était absent. L'aide de camp, endormi à la permanence, m'offrit, en bâillant, de partager sa veille. Je fus outré de ce calme et insistai. Alors, sans se faire prier, l'aide de camp m'apprit que le général passait, vraisemblablement, la nuit à Fontainebleau, et il fit claquer son pouce et son index, pour donner, à sa confidence, une signification précise.

Je n'en demandai pas plus : la liaison du général n'était un secret pour personne. Je n'hésitai pas un moment à aller troubler ses amours. Quand on accepte une mission, il faut la remplir, la mener à bonnes fins. Puis, je riais au dedans de moi, en pensant à la tête du général, quand il ouvrirait la lettre de l'Empereur.

A la gare de Lyon, un train partait à 11 h. 45. J'arrivai à Fontainebleau à une heure. La maison cherchée n'était, heureusement, pas loin.

Je me fis reconnaître, non sans peine. La maîtresse de céans, apprenant l'absence du général de son hôtel, à Paris, entra dans une vive colère. Le général n'était pas chez elle, il avait contremandé sa venue. Où pouvait-il être ? Ceci ne me regardait pas, et je laissai la belle éplorée, sans apporter aucune consolation à sa douleur.

Je ne pus repartir qu'à 2 heures. Je rentrai à Paris à quatre heures. Mon cocher avait changé de cheval et m'attendait.

Je retournai chez le général. L'aide de camp de la permanence avait été remplacé à minuit. Je ne connaissais pas celui qui était, actuellement, de service. Il fallut des pourparlers assez longs pour qu'il comprît ce dont il s'agissait. Il fit le discret, l'homme important, offrit de remettre la dépêche au général dès que celui-ci serait à son cabinet. Je m'impatientai et m'installai dans un fauteuil. Puis, je pris le parti de m'adresser à l'appartement particulier. Le temps avait marché, il était près de 8 heures. Le valet de chambre m'assura que son maître venait de sortir et, par une fenêtre, me le montra partant à cheval pour sa promenade du matin.

Je me précipite dans l'escalier, saute en voiture et cours après le général. Je le rattrape dans les Champs-Élysées. J'avais une crainte affreuse d'arriver trop tard. La fièvre me dévorait.

Le général prit ma dépêche et la lut d'un trait.

J'examinais sa physionomie ; elle restait impassible. Quel empire cet homme avait sur lui ! J'attendais, avant de remonter en voiture. Je me sentais inquiet, ému. Cette nuit passée en courses échevelées m'avait donné un énervement que je ne pouvais dominer.

Le général avait fini de lire. Regardant de mon côté :

— Vous retournez à Paris ?

— Oui, général.

— Vous seriez bien aimable, si cela ne vous dérange pas trop, de passer à l'hôtel et de remettre cette lettre, avec cette note, à Dubost qui est de service ; il fera le nécessaire. Tout en parlant, le général écrivait quelques mots au crayon, en marge de la lettre impériale.

Je pris la lettre, serrai la main du général et me remis en route.

Il m'était, ma foi, bien permis de lire ce papier à peine plié, annoté en courant et qu'on me remettait de la main à la main. J'avais bien le droit de connaître le secret de l'affaire que j'avais eu tant de mal à mener à bien, de savoir si mon zèle avait heureusement abouti.

L'Empereur priait le général d'envoyer, à Saint-Cloud, un vétérinaire qu'il lui désignait.

Néro était malade et avait besoin de soins!

CHAPITRE XVIII

A COMPIÈGNE. — UNE SÉRIE. — L'INSTALLATION
LES HOTES. — LA PREMIÈRE SOIRÉE

Nous sommes invités à Compiègne. Nous faisons partie de la seconde série, la plus brillante, paraît-il, la plus « sélect », celle du plus vrai « gratin ».

A Paris, à Saint-Cloud, la cour mène, déjà, joyeuse existence ; à Compiègne, c'est mieux encore. Je vais, là-bas, faire de nouveaux débuts. La perspective des plaisirs promis me trouble, depuis que je les vois à ma portée, depuis que je vais pouvoir en prendre ma part.

Font partie de ma « série » :

Leurs Altesses Sérénissimes le Prince et la Princesse de Greuss ;

Le Prince et la Princesse de Belgrade ;

M. et Mme Rouher, avec leur dernière fille, celle que, plus tard, on désigna en l'appelant : la cause de tous nos malheurs ;

M. et Mme de Saint-Brieuc, l'incomplète, j'ai déjà expliqué pourquoi ;

Le Baron et la Baronne de Neuwied ;

Jules Sandeau ;

Emile Augier ;

Lord et Lady Mac Angham ;

Le Comte et la Comtesse de Monza.

Puis, des hommes politiques, Français et étrangers ; de grands et petits seigneurs qui vont voir se déployer à leurs yeux les splendeurs des pompes impériales.

Le train spécial qui emportait tout ce beau monde, arriva en gare, à Compiègne, à quatre heures du soir.

L'aide de camp et l'écuyer de service étaient là pour nous recevoir, offrir la main aux dames à la descente de wagon, les renseigner, leur éviter tout embarras.

L'aide de camp se trouvait être, en ce moment, le très aimable général Pajol, souriant, empressé auprès de tous, auprès de moi, surtout. L'écuyer était le brillant Davilliers, toujours gai, content, heureux de plaire, de faire montre de son esprit. Ce fut à son bras que je traversai la gare. Il m'installa dans l'un des grands breaks de poste qui stationnaient et, suivant son expression, « courut cueillir une autre fleur ».

Quand tout le monde eut pris place, se fut casé, après pas mal de manières, les postillons en livrée vert et or, catogan dans le cou, boucles aux oreilles, rendirent la main et, en dix minutes, nous étions au château.

Dans la salle des gardes servant de vestibule, un intendant ou un majordome, je ne sais la qualité exacte du personnage, nous reçut et nous conduisit à notre appartement. Sur la porte, était inscrit notre nom.

L'appartement, convenable mais modeste, n'était pas un de ceux des invités de haute volée. Cependant, il donnait sur le parc et non sur la cour. Il était exposé au soleil, par les fenêtres, on apercevait une immense étendue de bois aux feuilles rouges et jaunes;

la cime des arbres ondulait sous le vent, faisant de grands remous au bruit long, prolongé. Une chambre à deux lits, avec un cabinet de toilette et un petit salon.

Je m'occupai bien vite de mon installation, car il fallait être habillée pour le dîner.

Nous avions emmené avec nous, comme c'était notre droit, un valet et une fille de chambre. Je les envoyai à la recherche de nos colis : neuf caisses de toutes dimensions, remplies des plus ravissantes toilettes. Je tremblais qu'une d'elles se trouvât égarée ou eût suivi une fausse direction. Je ne fus rassurée qu'après les avoir vues réunies autour de moi, après en avoir vérifié le nombre et constaté le bon état.

Que le lecteur ne s'étonne pas de la quantité de mes malles, qu'il n'en trouve pas le nombre exagéré. La princesse de Belgrade en avait vingt-trois, et Mme de Saint-Brieuc, vingt et une. Il est vrai que ces dames, comptant jouer des charades, avaient emporté des costumes.

Pendant ces préliminaires, le temps avait

marché et le jour commençait à baisser. Les domestiques apportèrent les lampes, deux par chambre, allumèrent les candélabres et firent flamber un grand feu dans la cheminée. Il avait plu le matin, la soirée était fraîche.

Il fallait être descendu au salon à sept heures ; je ne voulais pas être en retard. Je tenais à produire mon petit effet, par conséquent, il s'agissait de me hâter, pour que ma toilette fût bien comprise et me mît en valeur.

J'étais contente de moi. Les regards des femmes, quand j'entrai au salon, me prouvèrent que j'avais réussi.

Je m'étais déjà, assez souvent, assise à la table de nos souverains, soit aux Tuileries, soit à Saint-Cloud, pour que le cérémonial observé en pareil cas m'étonnât ou m'offrît quelque intérêt. Les règles de l'étiquette ordinaire auraient, du reste, été les mêmes que dans les autres résidences impériales, sans la présence de Son Altesse Sérénissime le prince de Greuss.

Son Altesse ayant régné, à titre éphémère, sur quelque ridicule principauté allemande, était, par courtoisie, traitée en tête couronnée. Par suite, la place des convives, à table, se trouvait modifiée. L'Empereur et l'Impératrice, au lieu de se placer côte à côte, se placèrent en face l'un de l'autre. L'Empereur offrant le bras à la Princesse et la faisant asseoir à sa droite, l'Impératrice donnant le bras au Prince et le faisant asseoir à sa droite. A gauche de l'Empereur s'assit la princesse de Belgrade et, à gauche de l'Impératrice, Son Excellence M. Rouher. Les autres convives prirent la place qui leur convenait, les dames choisissant elles-mêmes leur cavalier en employant la formule : « Monsieur, voulez-vous me mener dîner. »

Les groupes formés suivirent en procession s'espaçant entre eux pour laisser librement traîner, sur le tapis, la longue queue des robes des femmes.

Je donnais le bras à Morcenx, officier d'ordonnance ; il s'inclinait vers moi, plongeant dans mon corsage, me parlant bas. Je ne distinguais pas ses paroles. Je me sentais pleine de vanité satisfaite, un peu grisée par le parfum des fleurs, l'éclat des lumières, ouvrant mes narines gourmandes aux odeurs qui arrivaient par la porte de la salle à manger grande ouverte.

La table, couverte de fleurs et de fruits, étincelait, éclairée par quatre grands lustres dont les bougies allumaient de brillants éclats sur les cristaux, les pièces d'orfèvrerie, les surtouts, au fond de chaque assiette d'argent des couverts.

Les soixante-douze convives prirent place au milieu d'un léger brouhaha d'étoffes, d'envolements de jupes, poussées sous la table ou tassées par les valets qui approchaient les sièges.

Puis, le silence se fit et un orchestre, dissimulé dans une galerie, salua le commencement du repas d'une fanfare aux joyeux éclats.

Je regardais, faisant le tour de la table :

La princesse de Greuss étalait une énorme poitrine. L'Empereur ne s'arrêtait pas sur ces richesses ; il laissait ses yeux mi-clos, ne parlant pas, écoutant sa voisine de gauche, la princesse de Belgrade qui, tout en l'accaparant de son mieux, forçait l'attention, parlait haut, avec des sous-entendus risqués, des expressions souvent triviales, souvent répétées, telles que : Oh ! l'opinion publique, ce que je m'en moque ! C'est une bonne maison, ici : bien tenue, service correct, table soignée.

Et, après chaque sortie de ce genre, elle promenait ses regards autour d'elle, pour juger l'effet produit, semblant dire : Ai-je de l'esprit, moi ! et de l'audace, moi ! Elle posait pour la femme laide ; il lui déplaisait, singulièrement, d'être prise au mot. Elle n'avait pas encore, à cette époque, lancé sa fameuse phrase :

En France, il me semble que je suis à l'auberge.

Lord Mac-Augham était un Ecossais fort riche que l'Impératrice avait connu lors de sa fugue en Ecosse. Il avait fait venir, à Compiègne, pour l'accompagner, une escouade d'hommes de son clan, en costume national, montrant leurs jambes nues, portant, comme signe distinctif, à leur toquet, un os d'estomac de poulet. Un soir, à la lueur des torches, dans la cour du château, ils dansèrent une gigue et la danse des épées.

J'ai déjà dit, en énumérant les noms et qualités des hôtes du château, que la plus jeune des filles de M. Rouher avait, plus tard, été désignée dans le public sous la périphrase assez longue de « la cause de tous nos malheurs ».

Au moment où l'impopularité du ministre l'obligea à quitter, non son portefeuille, puisqu'il n'en avait pas, mais son ministère, les amis les plus dévoués de l'Empire lui demandèrent avec instance de se retirer tout à fait des affaires et de refuser la présidence du Sénat que lui offrait l'Empereur. Il ne consentit pas à une retraite aussi absolue, donnant, comme raison, son manque de fortune, la nécessité où il se trouvait d'assurer une situation convenable à sa dernière fille qui [n'était pas encore pourvue.

Si c'était d'un bon père, ce n'était pas d'un grand politique et d'un ami dévoué.

Il resta donc aux affaires, augmenta, par sa présence, le nombre des mécontents, compliqua les difficultés de l'Empire et donna, à l'opposition naissante, une raison d'être.

Si bien que, plus tard, dans l'entourage des exilés, à Chislehurst, quand on se rappelait les causes de la terrible chute, on déplorait de n'avoir pas fait, autrefois, à Mlle Rouher, une dot convenable. Le père n'aurait pas eu à la lui fournir ; il se serait retiré, les conséquences de son maintien au pouvoir eussent disparu, et tous nos malheurs eussent été évités.

Le baron de Neuwied était un banquier juif de Francfort, venant à l'aide des seigneurs et des dames de la cour dont la bourse se trouvait plate. Il profitait de ses relations, pour se faire inviter à Compiègne. Il y recevait bon accueil, et pour cause. Sa femme, d'une vertu peu farouche, succombait facilement. Il ne s'en effarouchait pas.

Un jour, ou plutôt une nuit, Mme de Neuwied s'échappa brusquement d'un bal de l'Hôtel de Ville ; on vit son mari, contre son habitude, errer inquiet, à travers les salons, cherchant, s'enquerrant à droite, à gauche ; un ami l'interrogea :

— Je cherche ma femme ; elle a disparu, je ne puis la trouver.

— Vous êtes jaloux ?

— Oh ! non.

— Vous êtes inquiet ?

— A propos de ma femme, non. On retrouve toujours sa femme ; mais elle a pour 583,000 francs de diamants sur les épaules, et vous comprenez... Je ne sais pas avec qui elle est partie. Un accident est bientôt arrivé.

Après dîner, on rentra dans les salons et la grande galerie ; tout le monde sur ses pieds tant que l'Empereur restait debout.

La soirée s'écoula assez terne et maussade ; il régnait, entre ces gens se connaissant peu, un certain malaise. La présence des souverains, empêchait la glace de se rompre.

Leurs Majestés se mettaient, pourtant, en frais vis-à-vis de leurs hôtes. L'Empereur allait à travers les groupes, tortillant les extrémités cirées de ses moustaches. Il s'arrêtait, volontiers, auprès des nouveaux venus, leur adressant la parole pour les mettre à l'aise, leur parlant de choses pouvant les intéresser. Par malheur, son éternelle distraction prenait constamment le dessus. Il ne donnait pas aux gens le nom qui leur appartenait et s'éloignait sans attendre la réponse à ses questions, pensant subitement à autre chose, ne prenant pas la peine de fixer son attention.

L'interlocuteur, quel qu'il fût, fût-il de haute volée, se voyait, incontinent, « lâché » si une jolie femme, passant à la portée de Sa Majesté, attirait son attention.

Toutes celles qui connaissaient ce faible du souverain, — bien peu l'ignoraient — mettaient en œuvre les moyens les plus osés pour l'obliger à s'approcher.

C'était chose amusante que les évolutions faites, en pareil cas, par les grandes coquettes. Ce soir-là, Mmes de Neuwied et de Saint-Brieuc changèrent de place plus de dix fois, sans raison, sans prétexte, traversant un salon, en long, en large, en biais, pour passer devant l'Empereur et recevoir de lui quelque compliment.

Cette Saint-Brieuc, avec sa fesse postiche, est bien la plus insupportable coquette que je connaisse. Deux fois, elle s'est mise en travers du chemin de l'Empereur qui venait à moi, j'en suis sûre, et allait m'adresser la parole.

L'Empereur et l'Impératrice se retirèrent un peu avant minuit. Les hommes gagnèrent le fumoir. Certaines femmes se réunirent chez l'une d'elles pour potiner et ne rien faire qui vaille. Moi, j'allai me coucher, un peu déçue, comptant sur le lendemain.

CHAPITRE XIX

LE THÉ DE L'IMPÉRATRICE. — PROMENADE EN FORÊT. — LES CHEVAUX DE BOIS. — EMPRESSEMENT DE L'EMPEREUR AUPRÈS DE MOI. — JULES SANDEAU ET LE BARON DE NEUWIED. — LE MANÈGE. — ENCORE L'EMPEREUR. — LE CHEVAL A SELLE DE VELOURS VERT.

Mlle Marion, à la fois demoiselle d'honneur et lectrice de l'Impératrice, vint, de bonne heure, le lendemain matin, me faire une visite officielle et me prévenir que j'avais été désignée par S. M. pour prendre le thé, le même soir, à cinq heures, dans son salon intime. Ce choix, fait dès le premier jour, constituait la marque d'une véritable faveur. J'en sentis tout le prix, en voyant la mine déconfite des femmes ajournées.

Ce jour-là, on alla se promener en char à bancs dans la forêt. Leurs Majestés s'étaient abstenues. Au retour, me sentant un peu froid, je m'arrêtai à l'entrée du parc, afin de faire, à pied, le reste du chemin.

En approchant du château, je vis des ouvriers travaillant à l'installation d'un manège de chevaux de bois dressé sur la pelouse, la « pailouse », comme disait l'Impératrice, la « plouse », comme disait M. Rouher. Je me rappelai l'annonce faite à ce sujet, la veille au soir. Ce divertissement, très goûté ces années dernières, allait de nouveau être offert aux invités.

J'étais arrêtée depuis un moment, un peu penchée, la main appuyée sur mon ombrelle au long manche, et très emmitouflée dans un plaid, quand, débouchant d'une allée latérale, accompagné du général Pajol, son aide de camp, parut l'Empereur.

Il était éclairé à rebours par les rayons du soleil, déjà très bas, s'appuyait lourdement sur sa canne, ou s'en servait, de temps en temps, pour abattre des fleurs, couper des brins d'herbe, soulever des petits cailloux de l'allée. Il marchait un peu penché de côté, suivant son habitude, dodelinant légèrement de la tête inclinée à gauche. L'Empereur avait, alors, dépassé la cinquantaine, et il y paraissait.

S. M., ne disait rien et, de son auguste maître, l'aide de camp imitait le silence. Il arrivait, souvent, à S. M., racontait-on, de se promener ainsi avec un compagnon auquel, pendant des heures, il n'adressait pas la parole ; il rentrait en lui-même, se complaisant dans cette solitude intérieure. Il en sortait brusquement, sans que jamais, en se reprenant, un mot, un geste, lui échappât et dévoilât le secret de sa pensée, de la mélancolie peinte sur ses traits.

L'Empereur m'aperçut et continua son chemin ; puis, à la réflexion, sans doute, il revint sur ses pas et, deux minutes après, il était près de moi.

Comme je m'effaçais pour lui laisser passage, il s'arrêta, me fixant de ses yeux mi-clos, cachés par ses paupières alourdies. Je crois qu'il ne me reconnût pas tout de suite.

— Comment, vous, Madame, toute seule, ici.

Je répondis qu'ayant eu froid, j'étais descendue de voiture pour me réchauffer, en marchant un peu ; et, maintenant, je regardais les charpentiers montant le manège des chevaux de bois.

— C'est par ici qu'il faut passer, pour bien voir, sans vous mouiller les pieds sur l'herbe ; et, de sa canne, l'Empereur me montra le chemin qu'il suivait.

S. M. m'invitait à l'accompagner, et une invitation de l'Empereur est un ordre. Je marchai donc à ses côtés et lui alors, de sa voix basse et sourde, me donna des détails sur le manège, les chevaux de bois, les boules à ramasser, les têtes de carton déposées par terre.

Profitant de l'occasion, l'aide de camp ralentit le pas, puis resta en arrière et disparut.

Au lieu de regarder les différents objets qu'il me désignait, l'Empereur ne me quittait pas des yeux, si bien que la persistance de ces regards se promenant sur ma personne, des cheveux à la taille, finit bientôt par me causer une véritable gêne et, presque involontairement, il m'échappa de dire :

— Comme vous me regardez, sire !

— Est-ce que cela vous déplaît !

— Mais...

— Vous n'aimez pas à être regardée ?

— Oh ! sire, par vous !... (et je faisais des mines gentilles.)

— Vous devez cependant y être habituée.

— Oh ! (et je continuai le même manège.)

— Ne vous a-t-on pas souvent dit que vous étiez jolie, très jolie ?

— Si, fis-je en minaudant, mais pas de pareille façon.

— Est-ce que ma façon vous déplaît ?

— Rien de la part de Votre Majesté ne saurait me déplaire ; et je saluai.

Il sourit d'un air bonhomme, très doux, et mit plus d'ardeur encore que d'habitude à tordre ses moustaches, avec les mouvements saccadés d'un homme troublé par le voisinage d'une femme.

J'étais très satisfaite de ma rencontre, de mon entretien avec l'Empereur ; mais j'aurais voulu avoir des témoins de mon succès. J'enrageais de penser que toutes les commères, princesses et bourgeoises, n'étaient pas aux fenêtres du château pour nous voir rentrer.

Il devait y avoir spectacle le soir. On avait dressé un petit théâtre à l'extrémité de la salle des cartes, afin d'y jouer des charades et des petites pièces légères.

Avant le lever du rideau, l'Impératrice, traversant les coulisses, aperçut, sur son chemin, un paravent qui la gêna. D'un coup de pied assez leste, elle l'envoya promener : cris, exclamations, rumeurs. Le paravent abritait deux amoureux : le beau Belvidan et Mlle Jakson, du Gymnase, se donnant des preuves de tendresse.

Ils répétaient, dirent-ils, le rôle dans lequel ils devaient paraître, un moment plus tard.

Emoi de l'Impératrice qui se fâche, prend la chose au sérieux et s'oppose formellement à la représentation de scènes aussi tendres et aussi réalistes.

L'auteur, Jules Sandeau, comparaît. On lui demande des explications, il ne comprend pas. Quand il comprend, il s'indigne, se juge offensé et se retire sous sa tente, refusant son concours.

Il fallut remplacer la charade par un bal.

Pendant que l'on dansait aux accords d'un piano mécanique manœuvré par Massa, l'Empereur vint s'asseoir près de moi et resta un long moment, me parlant d'abord de choses banales que, peu à peu, il ramena à ma personne, me faisant des compliments directs, me demandant de lui montrer ma main, d'avancer mon pied, pour qu'il en distinguât mieux l'élégance et la petitesse, de tourner la tête, pour qu'il vît mon oreille. Sa voix avait pris un accent particulier, une intonation que je ne connaissais pas, moins paterne, que d'habitude. J'avais cette fois, des témoins de ma faveur, ma satisfaction était complète.

Rentrés chez nous, restés seuls, mon mari me sembla plus tendre, plus empressé, plus amoureux, enfin. Sans doute, m'avoir vue mériter l'attention de Sa Majesté, m'avoir vue causer tant de jalousie aux femmes, attirer les regards et exciter les désirs des hommes, donnait un renouveau à sa passion. Il me déplut sous cette apparence ; je me sentis, même, à ce moment, quelque éloignement envers lui. Moi, si j'avais été homme, j'aurais voulu cacher à tous les yeux, la femme aimée. J'aurais voulu qu'elle fût ignorée de tous, que sur moi seul, se soient jamais arrêtés ses regards.

Le jour suivant, je me privai de promenade et retournai aux chevaux de bois. On achevait de les monter ; ils pourraient bientôt fonctionner. J'avais peut-être, sans me l'avouer l'espérance secrète de retrouver là l'Empereur car j'éprouvai quelque dépit en ne le voyant pas venir et je crois me rappeler que je restai longtemps à attendre.

Les chevaux sont à leur place. Un d'eux affecte une allure plus fougueuse que les autres. C'est un superbe alezan couvert d'une selle en velours vert, avec, aux angles, un N surmonté de la couronne impériale. On l'avait harnaché de si riche façon parce que, dans le principe, il était destiné à l'Impératrice. Mais, un beau jour, Mme Kapriska l'ayant monté, l'Impératrice l'avait abandonné et il appartenait au premier occupant. Pourtant, d'après un bruit répandu, justifié par de nombreux précédents, l'Empereur mettait en selle, sur le bel alezan, les femmes auxquelles il daignait faire attention.

Deux jours se passèrent. Il y eut une grande chasse à laquelle l'Empereur n'assista point. Je restai dans la voiture, intéressée par le curieux spectacle des cavaliers et des amazones. L'Impératrice, à cheval, conduisait un véritable escadron de veneurs : chasseurs en tenue uniforme, habit vert galonné sur les coutures, bottes à l'écuyère, lampion sur la tête, officiers de régiments de cavalerie en garnison à Compiègne, à Laon, à Lafère, magnifiquement montés sur des chevaux de luxe.

Je me rappelle aussi une promenade à Pierrefonds, qui commençait à sortir de ses ruines. L'Empereur avait été retenu au château par un important conseil des ministres. On nous promena de haut en bas ; mais je ne vis pas grand'chose ; mon esprit était ailleurs. Je me sentais agitée, absorbée, comme il arrive quand un pressentiment nous fait craindre une surprise du sort.

Le souvenir le plus net que j'aie conservé de cette excursion est une discussion assez vive entre Sandeau et Neuwied : celui-ci, haut de six pieds, plaisantait Sandeau sur sa taille qui, pourtant, n'était pas exiguë. Et comme Sandeau, agacé, s'impatientait : Hein ! fit Neuwied, en s'adressant à la galerie, comme on a raison de dire, petit rageur. Oh ! cela ne prouve rien, répondit Sandeau, subitement calmé : on dit aussi : Grand imbécile !

Le jour fixé pour l'inauguration du fameux manège de chevaux de bois, était venu et, à l'heure dite, tout le monde se trouva sur la pelouse.

Après deux tours d'essai pour s'assurer que la machine fonctionnait dans de bonnes conditions, Massa, je crois, commença à moudre l'orgue de Barbarie. On se mit en selle, le manège tourna et je me grisai de ce grand air qui me frappait au visage, dénouait mes cheveux, de ce mouvement qui me donnait le vertige.

Je descendis au premier arrêt, je n'avais pas le cœur solide. Je me dirigeais tout étourdie, vers un banc que je voyais indistinctement, quand je sentis un bras me saisir et me soutenir. Je me retournai : l'Empereur était près de moi et passait mon bras sur le sien. J'eus l'impression de devenir subitement très pâle; mon émotion m'empêchait de nettement entendre les paroles de Sa Majesté. Il me fit asseoir, s'assit, me regardant rattacher mes cheveux tout défaits.

D'autres cavaliers remplaçaient les premiers, la mécanique se remettait en mouvement et l'orgue reprenait son air un moment interrompu.

L'Empereur se pencha vers moi.

— Marchez un peu, vous vous remettrez.

Je me levai et allai droit devant moi. L'Empereur aussi s'était levé et marchait à mes côtés.

Nous prîmes une grande avenue couverte; il faisait une belle journée d'automne, le soleil brillait, dorant d'un éclat joyeux, les feuilles rouges et jaunes, qui déjà jonchaient le sol et que la brise soulevait. Au-dessus de nos têtes, avec un grand bruit d'ailes, passait un vol de pigeons. J'éprouvais une émotion inconnue, un énervement de tout mon être. J'oubliais la satisfaction vaniteuse qui, deux jours plus tôt, m'avait remplie d'aise et je marchais, insouciante, sans savoir, la tête baissée, les yeux presque fermés.

Nous avions quitté la grande avenue.

Maintenant, nous suivions une allée latérale bordée de hauts arbres dont le vent agitait le sommet, d'un mouvement monotone et régulier.

Tout à coup, sans que je m'y attende, le bras de l'Empereur entoura ma taille, sa tête s'inclina et ses lèvres se posèrent sur mes cheveux, sur mon cou.

— Oh! sire! sire! dis-je éperdue, tellement troublée que je ne songeais plus à minauder.

Il me releva la tête, me souleva un peu et me donna un long, long baiser sur les lèvres.

Il devina, sans doute, que mes jambes fléchissaient, car il me retint, me pressant doucement contre lui.

Je l'entendis vaguement murmurer à mon oreille, doucement, bien bas : A ce soir!

Je ne répondis pas et le regardai; puis me détournant, je portai mon mouchoir à ma figure, me cachant. J'avais un impérieux besoin de m'essuyer les lèvres. Elles avaient conservé un parfum de cosmétique, de graisse odorante qui me faisait mal.

Nous refîmes le chemin parcouru peu avant. Un instant après, nous étions sur la pelouse, devant le manège au milieu de la cohue.

A peine si, depuis notre départ, s'étaient écoulées quelques minutes; je croyais qu'un long temps avait fui. Je retrouvais tous ces gens tels que je les avais laissés et je m'en étonnai. Un si grand changement venait, me semblait-il, de s'opérer en moi.

On m'appela, mon tour était venu de remonter à cheval. Je refusai.

Alors l'Empereur, s'avançant, m'offrit la main et me mit lui-même en selle sur... le fameux alezan à la selle de velours vert, aux coins brodés d'un N surmonté de la couronne impériale.

CHAPITRE XX

A CE SOIR. — ABSENCE DE MON MARI. — LA CHAMBRE BLEUE

Je fus heureuse, une fois seule dans ma chambre, de pouvoir me reprendre, me rappeler, retrouver le fil de tant d'impressions qui avaient pris place en si peu de temps, et dont j'étais encore bouleversée.

Ma tête brûlait, mon cœur battait à me faire mal. Je sentais à mes tempes de grands coups précipités. De tout ce que j'avais vu et entendu, un seul mot emplissait ma pensée, me revenant, sans cesse, à l'esprit sans que je puisse l'en éloigner : A ce soir, avait dit l'Empereur, et mon imagination m'emportait au loin. Je me perdais dans mille suppositions, ne pouvant m'arrêter à rien, cherchant sans comprendre. La satisfaction de ma vanité, la joie d'avoir triomphé des autres me faisaient perdre la tête.

Dans un moment de calme, de bon sens revenu, je ris de moi, de ma sottise des exagérations qu'enfantait mon amour-propre. A ce soir ne signifiait rien, n'avait aucune portée. L'Empereur ne me voyait-il pas tous les soirs ; ne passait-il pas, chaque soir, de longs instants près de moi ? Il en serait de ce soir comme des autres. Quelles chimères je me forgeais ! Etais-je assez folle de m'emballer ainsi, parce que l'Empereur, toujours empressé auprès d'une jolie femme, avait été aimable pour moi, m'avait offert son bras et donné un baiser. C'était là aventure banale sans conséquences. Que d'histoires du même genre n'avais-je pas entendu raconter sur tous les tons !

Mais si ces mots : à ce soir, ne devaient rien signifier, n'avoir aucune portée, pourquoi l'Empereur s'en était-il servi ? Pourquoi avais-je eu l'idée de leur donner de l'importance ? Pourquoi m'avaient-ils troublée.

Enfin, en tous cas, qu'ils ne signifient rien ou qu'ils signifient quelque chose, je me connaissais, j'étais une femme honnête et quoi qu'il advienne, je saurais résister, je ne céderais pas, même à l'Empereur !...

La porte de ma chambre s'ouvrit brusquement, mon mari entra comme un coup de vent. Je devins toute tremblante, me croyant déjà coupable.

Il partait dans un instant, avec M. Rouher. Demain avait lieu la séance d'une importante commission, celle du budget, je crois et l'Empereur désirait qu'il y assistât. Il reviendrait dans deux jours.

Je regardai mon mari, les yeux démesurément ouverts. Il se méprit, me crut mécontente de son absence et ajouta :

— Tu comprends, impossible de refuser, de dire non à l'Empereur, si bon pour nous.

J'ouvris la bouche pour tout lui raconter, lui demander de m'emmener, de rester. Je me tus. Il partit.

Qu'on ne croie pas mon mari un sot ou

un complaisant. Je jurerais, sur mon salut éternel, qu'il ne se doutait, qu'il ne s'est jamais douté de rien.

L'heure du dîner était encore loin. Je m'habillais lentement, pensant que « à ce soir » pourrait bien vouloir dire quelque chose. Je m'apprêtais, quand ma femme de chambre, appelée au dehors, rentra me disant que pendant l'absence de M. le Marquis, elle venait d'en être prévenue, je quitterais cette grande chambre glaciale, trop rapprochée d'appartements occupés par des hôtes célibataires bruyants. On venait de me préparer, au bout de la galerie, une autre chambre, la chambre bleue, plus petite, plus confortable, où je serais moins isolée, plus tranquille. Elle ferait mon déménagement, pendant le dîner.

Décidément « à ce soir » voulait dire quelque chose, avait une signification. Je n'étais ni naïve, ni ingénue et je me doutais fort bien de ce dont il s'agissait. Ce qui m'inquiétait, c'était de savoir comment les événements se présenteraient, quels moyens seraient mis en œuvre par l'Empereur pour en arriver à ses fins. Que ferais-je, moi, en telle conjoncture ? La résistance me souriait, l'idée de la défaite ne m'indignait pas.

CHAPITRE XXI

PAULETTE. — SES CONFIDENCES. — LA CHAMBRE BLEUE. — UN EMPEREUR INCONNU. — PREMIÈRE NUIT.

Ma porte s'ouvrit et je vis entrer Paulette, mon excellente amie Paulette de Lérignan. Je ne l'avais pas vue depuis une éternité. Il courait de méchants bruits sur son compte ; elle « cascadait » ferme, disait-on, et l'Impératrice ne la ménageait pas. On est si mauvais à la cour !

Il fallait bien, cependant, qu'il y eut quelque chose. Elle n'était plus priée aux réunions intimes et je la savais rayée de la liste des lundis. Elle paraissait encore les grands jours ; par égard pour sa famille, on fermait les yeux à demi.

Souvent, pendant la saison, à Compiègne, l'Impératrice invitait, pour une chasse, un dîner, un spectacle, des personnes qui ne faisaient partie d'aucune série. Paulette était dans ce cas ; elle venait faire une apparition pour un jour ou deux.

Mon excellente amie était une folle, une déséquilibrée ; en revanche, elle avait bon cœur, m'aimait beaucoup, et je le lui rendais.

Nous nous mîmes, incontinent, à bavarder comme des pies.

— Et le marquis ? fit Paulette.

— Mon mari vient de partir pour Paris avec M. Rouher, afin d'assister à je ne sais quelle commission. Il revient dans deux jours.

— Ah !

— Et je suis très affairée : il faut que je déménage. Le maréchal du Palais a pensé que je serais perdue toute seule dans cette grande chambre, et il m'en a fait préparer une autre plus confortable, où je serai plus tranquille.

— Ton mari est parti... Tu changes de chambre. Tu....

— Oui, le maréchal du Palais.....

— Laisse-moi donc tranquille avec ton maréchal du Palais. Il se fiche pas mal que tu sois dans une chambre ou dans une autre ! C'est Mme Alfred qui arrange tout ça, et t'envoie dans la chambre bleue.

— Mme Alfred, la chambre bleue... Que me racontes-tu là ?

— Tu veux me faire poser. Dis-moi, est-ce qu'il y a toujours des chevaux de bois, ici ?

— Oui.

— Tu es montée ?

— Oui.

— Est-ce qu'il y a toujours un cheval alezan ? Est-ce que ce cheval alezan a toujours une housse de velours vert, avec une couronne impériale brodée ? Est-ce que l'Empereur choisit toujours l'écuyère qui doit monter ledit alezan ?

— Oui. Oui. Oui.

— Est-ce que Sa Majesté ne t'a pas encore offert la main pour te mettre en selle, sur ce noble coursier ?

— Si. Hier et avant-hier, je crois. (J'étais ravie de pouvoir mettre Paulette au courant de mes succès, sans avoir l'air d'en faire parade.)

— C'est complet, alors.

Paulette me fixa, un moment, avec une expression singulière. Son regard était si pénétrant qu'il me gênait. Puis, elle se leva, marcha à travers la pièce, chantonnant à mi-voix, en personne hésitant sur le parti à prendre. Elle revint, s'assit à côté de moi sur la petite causeuse, au coin du feu, me prit les mains. « Ecoute-moi, chère, et ne m'interromps pas. Ce que j'ai à te dire est long et nous avons peu de temps à nous.

« Il y a deux ans, juste à pareille époque, j'étais ici. Nous faisions partie de la seconde série, la plus relevée, comme toujours. J'étais d'autant plus flattée de cette faveur que, depuis quelque temps, l'Empereur me serrait de près et je pensais qu'à Compiègne, il irait de l'avant. Je me faisais une fête de le voir venir, surtout parce que Mme de Saint-Calais, tu sais cette grande femme sèche, maigre comme un fil, cherchait à me couper l'herbe sous le pied. J'allais la faire rager, l'envoyer au rancart.

« Dès le lendemain de mon arrivée, l'Empereur fait l'aimable avec moi, me dit des gaudrioles dans le cou, me chatouille les épaules avec le bout de ses moustaches, se livre à son manège habituel, enfin.

« La machine à chevaux de bois en était à ses débuts. L'Empereur ne manquait pas une séance, s'amusant des jupes envolées, des mollets aperçus, des effets de torses et, surtout, des efforts que, toutes, nous faisions pour lui plaire.

Pendant les deux premiers jours, il resta accroché à mes jupes, ne me quittant pas du regard, faisant des yeux en billes de loto à toutes mes singeries, me mettant en selle sur le fameux alezan. Le troisième jour, voyant tout le monde très occupé, il me fait signe, m'offre le bras et m'emmène dans une petite allée. Là, sans préambule, il me déclare sa flamme, m'embrasse sur les cheveux, le cou, colle ses lèvres aux miennes.

J'ai encore le souvenir de l'odeur de cosmétique et de pommade hongroise de sa moustache peinte ! Est-ce que l'Empereur t'a embrassée quelque fois ?

— Je........

— Ça suffit. Pas besoin de rien ajouter je suis fixée. En me ramenant sur la pelouse, l'Empereur, doucement, murmure à mon oreille : à ce soir.

— A ce soir ? fis-je involontairement.

— A ce soir, d'il y a deux ans, pas à ce soir d'aujourd'hui. Et Paulette planta ses yeux dans les miens.

— Tu penses bien que je me doutais de ce dont il s'agissait. Mais comment les choses pourraient-elles prendre bonne tournure ? Je me le demandais sans pouvoir répondre.

Au plus fort de mes réflexions, mon mari m'arrive sur le dos, en courant : il partait subitement pour Paris. Il y avait, le lendemain, je ne sais où, une vente de chevaux anglais ; Fleury était absent, l'Empereur priait mon mari d'aller les voir pour lui donner son avis. Il reviendrait dans deux jours. Il ne faut pas en vouloir à mon mari, c'était, c'est même encore, un imbécile ; il n'est pas le seul dans son cas !

Il n'avait pas tourné les talons, qu'arrivait ma femme de chambre. Elle avait été prévenue d'avoir à m'installer, pendant la durée de l'absence de M. le comte, dans une chambre plus confortable, où je serais plus tranquille, moins isolée, à l'extrémité de la galerie, la chambre bleue !

C'était parfait ! Les événements se déroulaient avec sûreté, rapidité ; ils ne chômaient pas, obéissaient au commandement. Il fallait bien les laisser marcher.

La soirée me parut longue. On joua aux jeux d'esprit pour lesquels l'Impératrice a un goût très vif. On ne sait trop pourquoi, car ce n'est pas par excès de ce côté qu'elle brille.

L'Empereur ne m'adressa pas la parole, ne vint pas un instant s'asseoir auprès de moi. Ce dédain affecté contrastait tellement avec l'empressement montré quelques heures plus tôt, que j'en fus toute déconfite et en ressentis un violent dépit.

Un peu avant minuit, au moment où il se retirait, je sentis les regards de l'Empereur s'arrêter sur moi ; je levai les yeux, je ne m'étais pas trompée. Déjà il se retournait, s'éloignant lentement, la tête inclinée, tordant sa moustache en homme dont l'esprit est loin.

Quelques minutes après, je m'échappais, à mon tour, j'arrivais dans ma nouvelle chambre et la passais en revue. Je voulais, avant l'attaque prévue, reconnaître les côtés faibles de la place, ceux par où l'ennemi pouvait s'introduire, décidée à fermer les serrures et à pousser les verroux.

Cette seconde chambre était bien plus élégante que la première : des tentures en soie bleue, d'un bleu léger, comme passé, recouvraient les murs. Un gros galon d'or dessinait les encadrements des portes, des fenêtres, suivait la corniche et la boiserie d'appui. Les rideaux des fenêtres, du lit, en satin du même bleu que la soie des murs, tombaient à terre, ramassés en gros plis. Le lit faisait l'effet d'un monument, très bas, bien qu'exhaussé sur un degré ; la tête appuyée au mur ; il était de largeur démesurée ; des ornements, des filets en cuivre doré, formaient les encadrements, se détachaient sur le ton clair du bois, accrochaient les rayons de lumière envoyés par les lampes. La cheminée était en face du lit. A gauche, la porte par laquelle j'étais entrée. De l'autre côté, près des fenêtres, la porte du cabinet de toilette. Entre les deux fenêtres, une banale armoire à glace Louis XVI, peinte en blanc, avec des filets bleu et or. Devant l'une des fenêtres, une toilette duchesse garnie de dentelles et de flots de rubans bleus. Devant l'autre, un bureau en bois blanc, comme l'armoire et le lit ; quatre bustes de femmes, en cuivre doré, terminés par des gaines, servaient de pieds. Arrivée là, je m'arrêtai. Je venais de distinguer, près de cette dernière fenêtre, une porte plus basse, plus étroite que les autres.

Je la regardai à la dérobée, ne voulant pas

en présence de ma femme de chambre, paraître inquiète ; je savais à quoi m'en tenir. C'était là le point faible, le point par où devait se présenter l'ennemi.

Que devais-je faire ? M'enfuir, me sauver, où, comment ? Demander asile à une amie, lui faire part de mes craintes, lui exposer ce que je supposais, ce que je redoutais, m'aurait rendue l'objet de la risée universelle. Le lendemain, on m'eût traitée de la belle façon ; on eut fait assez de gorges chaudes aux dépens de ma vanité ! Mon mari, lui-même m'eût regardée comme une coquette ridicule, à la cervelle détraquée.

Le fait est que, jusqu'à présent, je devais me borner à des craintes ou à des... espérances ; et que j'aurais été assez empêchée pour justifier mes soupçons, et encore plus, pour les faire partager.

Je me déshabillai, sans pouvoir quitter des yeux cette terrible porte ; avec un léger frisson, je m'enfonçai dans le lit où je disparus. Ma femme de chambre mit ma défroque en ordre, repoussa les sièges à leur place, éteignit les lampes et couvrit le feu.

Une veilleuse placée sur la cheminée de façon à permettre de voir l'heure à la pendule, éclairait doucement la chambre, traçant de grands cercles de lumière sur les fleurs du tapis.

J'étais seule. Je me sentis prise d'un accès de vertu. Sautant prestement du lit, je courus vers la porte afin de pousser les verroux. Je levai les bras, cherchai et ne trouvai rien. J'allumai une bougie et revins à la porte. La maudite n'avait pas de verroux, elle était fermée du dehors, je distinguai le pène dans la gache.

Ce n'était, certes, pas de ma faute. La Providence avait décidé de mon sort. Je devais m'incliner devant ses décrets et me remettre entre ses mains. Je dois reconnaître que ma confiance ne fut pas bien placée.

Je regagnai mon lit, toute tremblante. Qu'allait-il se passer ! Hélas ! Je ne le prévoyais que trop. Peut-être, au fond, bien au fond de moi, y avait-il un léger sentiment de satisfaction, à la pensée de ma prochaine défaite. Ma conscience était tranquille. N'avais-je pas tout fait pour me défendre.

Il régnait un grand silence. Une girouette tournait au sommet du château, par petits coups irréguliers et, de loin en loin j'entendais l'aboiement d'un chien, ou le bruit d'une charrette cahotant, là-bas, sur le pavé de la grande route.

Je regardai le ciel de lit, les voussures du plafond. J'attendais. Je n'attendis pas longtemps. Un bruit léger, indistinct, frappa mes oreilles, et la porte, la terrible porte, tourna doucement. Dans l'encadrement, éclairé par une vive lumière qui venait de la galerie, parut l'Empereur.

C'était bien l'Empereur, mais pas celui que je connaissais ; un autre Empereur, un Empereur inconnu. Celui-ci ne portait, ni le sceptre, ni la couronne, ni la main de justice, ni le manteau d'hermine semé d'abeilles d'or ; il ne portait pas davantage l'uniforme de général avec ses plaques, ses croix, son épée et ses bottes à l'écuyère ; il ne portait pas non plus l'habit de cérémonie, le grand cordon rouge, la culotte, les bas noirs et les souliers à boucles. Non, l'Empereur que j'avais sous les yeux se montrait dépouillé de toute pompe humaine ; il apparaissait en simple, très simple mortel.

Le vêtement qui cachait les formes augustes de « notre Empereur » ne pouvait avoir de nom précis : c'était un veston, une blouse, ou une chemise flottante, avec un ample pantalon, presque une jupe, le tout en soie mauve. Sur le côté gauche, l'extrémité d'un mouchoir sortait d'une petite poche, et, au collet, brillait une abeille d'or brodée.

Sans ses longues moustaches cirées, j'aurais hésité à le reconnaître. Il s'avançait les bras en avant, à pas inégaux, la démarche indécise par suite de la quasi-obscurité dans laquelle il se trouvait après la vive lumière de la galerie. Il repoussa, du pied, un fauteuil placé sur son chemin. Je vis son ombre approcher de mon lit ; elle se baissa. Je fermai les yeux et... ma destinée s'accomplit,

CHAPITRE XXII

ENCORE PAULETTE. — L'ÉCLAT D'UNE NOBLE MAISON. — LES GRANDES REINES DE LA MAIN GAUCHE. — RÊVES ET PROJETS DE PAULETTE. — SECONDE NUIT.

Paulette me regardait du coin de l'œil ; elle voulait s'assurer que ses paroles portaient. Elle me vit haletante et anxieuse. Elle continua.

Il existe au château de Lérignan, notre demeure patrimoniale, une série de portraits de famille que, pompeusement, on appelle la galerie des aïeux. Nous sommes en Gascogne, tu sais. De ces portraits, le plus intéressant, sans contredit, est celui d'une jolie femme en costume du temps de Louis XV.

Lorsqu'à l'occasion de ma prise de possession du château, on m'en fit visiter les coins et les recoins, ma vertueuse belle-mère s'arrêtant devant ce portrait, me le présenta disant : La comtesse de Lérignan-Villedaigne. Elle fut assez heureuse pour attirer les regards de Louis le Bien-Aimé et eut ainsi l'honneur de relever l'éclat de notre maison.

J'avais admiré le portrait de la jolie comtesse et l'avais salué d'une profonde révérence.

Par suite de quel enchaînement d'idées ce souvenir me revint-il à l'esprit, pendant que le plus puissant souverain d'Europe s'enivrait, dans mes bras, de coupables voluptés? Je serais bien empêchée de le dire. Bien fin qui me l'apprendrait. Toujours est-il qu'au moment... psychologique, je m'entendis murmurer au dedans de moi : Eh! bien, moi aussi, je relève l'éclat de notre maison! Et cette idée me donna une envie de rire assez inopportune.

En même temps, je m'absolvais de toute faute et me justifiais de toute erreur. Je m'accordais mon pardon, ne faisant, en somme ni plus, ni pis que ma séduisante aïeule.

La situation ne se prolongea pas outre mesure. L'Empereur retrouva, assez promptement, son calme et sa majesté. Je le regardais à la dérobée : ses yeux étaient fermés; ses moustaches, décirées, amollies, s'abaissaient vers son menton. Il soufflait bruyamment.

La veilleuse qui éclairait la chambre jeta une vive lueur, crépita un instant et, soudain, s'éteignit:

Oh! fis-je, un peu ennuyée.

Oh! fit l'Empereur.

Un moment après, Sa Majesté se leva, traversa la chambre les mains en avant, se guidant en suivant les meubles. La porte s'ouvrit, une grande clarté me frappa au visage, l'Empereur disparut, la porte se referma et je me retrouvai seule !

Ma pendule sonna deux heures. Elle avait sonné une heure et demie, peu après le moment où la porte s'était ouverte pour la première fois. Il avait suffi d'une demi-heure, pour faire de moi une Impératrice.

Je pensais qu'une brûlante insomnie allait agiter ma nuit, que ma tête en feu, mes nerfs surexcités, m'empêcheraient de dormir. A mon grand étonnement, au contraire, je me sentis, peu à peu, envahie par un bienfaisant sommeil. Je ne sais quels rêves occupèrent mon imagination ; mais quand au matin, ma femme de chambre entra, je dormais profondément.

Les scènes de la nuit, par exemple, me revinrent à l'esprit, promptement, complètement. Je revis l'Empereur dans son complet de soie violette, avec ses longues moustaches effilées. Je le revis cherchant ses pantoufles, affalé, les moustaches pendantes.

C'était tout. Ce n'était que cela !

J'étais donc la maîtresse de l'Empereur, rien moins que la personne de France la plus puissante, après lui, ou avant !

Une nouvelle existence allait commencer pour moi ; que serait-elle ? J'avais bien taillé saurais-je aussi bien coudre ? Alors ma pensée évoqua le souvenir de toutes les maîtresses couronnées dont l'histoire nous a transmis les noms : Agnès Sorel, Diane de Poitiers, Gabrielle d'Estrées, Pompadour, Montespan, La Vallière, Maintenon, laquelle prendrais-je pour modèle ? Je serais bonne, grande, noble et généreuse, bonne, surtout, avant tout. J'emploierais le pouvoir dont le ciel venait de me gratifier, à faire des heureux, à adoucir des misères. Je punirais bien un peu les méchants, c'est-à-dire ceux ou celles qui n'avaient pas toujours été pour moi d'une extrême bienveillance ; mais, en somme, j'y étais fermement décidée, je n'emploierais mon influence qu'à faire de belles et bonnes choses. Je conduirais mon amant dans la voie des utiles réformes, des grandes et nobles entreprises. Je lui apprendrais à se défier de certain ministre qui, me semblait-il, avait manqué d'égards envers ma personne, son dévouement à l'ordre de choses actuel m'était suspect. Aidé de moi, de mes conseils, l'Empereur ferait le bonheur de la France, serait le bienfaiteur de ses sujets.

Ainsi, j'étais, de par la volonté de mon auguste maître, élevée au rang d'Impératrice... de la main gauche, il est vrai ; mais celles-ci ne sont-elles pas les plus puissantes? J'en vins à penser un peu à l'autre Impératrice, à la vraie. Que devenait-elle en tout ceci ? Quel serait son sort? Ma foi, elle aurait le sort des épouses délaissées, elle serait mise de côté ; je n'y pouvais rien. Etait-ce ma faute, après tout ! La destinée en avait décidé ainsi, il fallait savoir s'incliner, se soumettre sans murmures, avoir un peu de résignation chrétienne. La religion viendrait à son aide ; heureusement, elle avait la foi.

Des audiences, un conseil des ministres retinrent l'Empereur, dans son cabinet, une partie de la journée. Je ne le vis pas. Il me sembla qu'il aurait pu se dérober un instant et accourir. Et même, au fond, je jugeais que ma présence n'eût pas été déplacée à ses côtés, dans ces graves circonstances : Mme de Maintenon n'assistait-elle pas aux conseils tenus par Louis XIV?

Je comptais sur la séance des chevaux de

bois. Un caprice de l'Impératrice qui change d'avis toutes les minutes, fit organiser une promenade en forêt et je dus l'accompagner,

Je n'étais pas priée pour le thé de cinq heures. La chose m'importait peu. Que me faisaient maintenant la faveur et les prévenances de l'Impératrice !

Après dîner, j'attendis avec impatience l'heure de la retraite. Dès que Leurs Majestés se furent retirées, bien vite, je filai.

J'étais nerveuse, agacée, je pressai ma femme de chambre, la congédiai en hâte et, bientôt, blottie dans mon lit, j'attendis la venue de mon « auguste maître ».

Je m'étais bien promis de parler ce soir. Les sujets de conversation ne me manquaient pas. L'émotion du début passée, nous avions l'Empereur et moi, bien des choses à nous dire. Il fallait convenir de nos rendez-vous, à Compiègne, à Paris, quand la Cour y reviendrait. Le plus simple paraissait de me donner immédiatement une place de dame d'honneur. Être dame du palais ne me suffisait pas. Outre ce point important, mille détails restaient à régler. Quels soins prendre vis-à-vis de mon mari? On pourrait lui donner une mission, l'éloigner. Il vaudrait mieux, semblait-il, au moins au début, que les apparences fussent respectées, qu'un scandale fût évité. Pourquoi l'Empereur ne se hâtait-il pas? Nos heures étaient comptées.

Une heure sonna. L'Empereur avait, la veille, fait son entrée, peu après. Je me dressai sur mon coude et prêtai l'oreille. Aucun bruit ne troublait le grand silence. J'entendais, seulement, le mouvement de la pendule et le battement de mon cœur. La grande horloge du château avait, depuis quelque temps, déjà, sonné une heure et demie. Je me levai pour aller regarder par le trou de la serrure, je ne vis rien. J'essayai d'ouvrir la porte, elle était fermée. Je revins vite à mon lit, craignant d'être surprise.

A peine enfoncée dans mes draps, je distinguai le bruit d'une clef dans une serrure, je fermai les yeux, cachée sous mes couvertures, voulant feindre de dormir. Puis, je n'entendis plus rien. Je sortis le bout de mon nez et regardai autour de moi : personne. La veilleuse traçait de grands cercles lumineux sur les caissons du plafond, sur les rosaces du tapis, envoyait des reflets dans la glace, dessinait des ombres fantastiques. Je m'étais trompée. J'eus un peu peur ; le grand silence qui m'entourait m'effraya.

Deux heures sonnèrent. L'Empereur, sans doute, avait été retenu par quelque grave affaire, celle qui, tout le jour, l'avait absorbé. Il me conterait cela. Peut-être que l'Impératrice... et, à cette pensée, une colère jalouse s'empara de moi.

Je m'assoupis, sans le vouloir, inconsciemment ; à mon réveil, il était quatre heures. Je désespérai. L'Empereur ne viendrait certainement pas. Je restai, cependant, encore anxieuse, les yeux ouverts, croyant toujours le voir paraître.

Il fallut, bientôt renoncer à tout espoir : le jour se montrait. Qu'était-il survenu ? L'Empereur m'avait donné, la veille, d'irrécusables preuves de sa tendresse. Il devait avoir à cœur de les renouveler. Tout cela, bien sûr, s'expliquerait dans la journée, de la façon la plus simple et la plus naturelle. Je me mettais sottement martel en tête. Seulement, le retour de mon mari créait des complications. En existait-il pour l'Empereur ? Il se joue des obstacles, il l'avait bien prouvé, il le prouverait encore !

CHAPITRE XXIII

TOUJOURS PAULETTE. — PLUS DE CHAMBRE BLEUE. — SUR LA PELOUSE. — L'ÉCROU DU CHEVAL ALEZAN. — VENGEANCE. — LA CHUTE DE MADAME DE SAINT-CALAIS.

Ma femme de chambre, en entrant, coupa court à toutes les espérances que je conservais encore de voir l'Empereur ou de recevoir un message de lui. Elle me prévint que monsieur le Comte devant être de retour dans la matinée, je pouvais, comme elle en avait été avisée, reprendre mon ancien appartement, grâce à elle, déjà disposé pour me recevoir.

Je quittai bien vite cette horrible chambre bleue; je la prenais en aversion, il ne pouvait plus rien m'y arriver de bon. En reprenant possession de l'appartement conjugal, il me sembla l'avoir quitté depuis des semaines.

Le retour de mon mari me remplit de joie. Je le reçus avec empressement, étonnée, toutefois, de ne constater en lui aucun changement. Il était toujours le même ! Et moi, je me croyais transformée tant était grand le bouleversement que je ressentais dans tout mon être.

J'attendis l'après-midi avec quelque émotion. Il avait été décidé, la veille au soir, que, ce jour-là, on garderait le logis : les chevaux de bois, de plus en plus en faveur devaient suffire à nos joies. L'Empereur, j'en étais sûre, d'avance, paraîtrait sur la pelouse. Je bouderais un peu. Je ferais la coquette. Une femme qui a reçu, dans son lit, un Empereur en chemise de soie mauve a bien quelques droits sur lui, à elle de les faire valoir.

J'éprouvais un sentiment étrange et peu explicable, celui d'une profonde satisfaction à la pensée que mon mari serait, cet après-midi, à mes côtés, qu'il assisterait à mon triomphe et, sans y rien comprendre, me verrait dans mon rôle de favorite.

Tous les hôtes du château étaient réunis autour du manège qui déjà tournait, les uns à cheval, les autres assis, attendant leur tour. Tous riant, plaisantant et, surtout, criant, sans grand souci de l'étiquette et de ses exigences.

L'Empereur parut. Il fut aimable, empressé, pour toutes les femmes, et comme le cheval à la housse impériale restait inoccupé, il chercha des yeux une écuyère de son choix. Je fis un pas en avant ; il en fit deux, souriant et tendant la main ; mais, hélas ! ce ne fut pas de mon côté qu'il se dirigea, ce ne fut pas à moi qu'il tendit la main. Il s'arrêta devant Mme de Saint-Calais. Elle ne se fit pas prier, la drôlesse ! lestement, elle sauta en selle..... à ma place.

Je ressentis un léger tremblement. Je crus voir le château, les arbres, les gens, emportés et tournant avec le manège. J'eus la présence d'esprit de m'asseoir, je serais tombée, je crois.

L'Empereur ne vit rien ; il s'occupait de cette odieuse femme, lui parlant, lui envoyant un quolibet à chaque tour qui la ramenait en face de lui.

Je ne sais combien de temps dura cette scène, ni comment elle finit. Je me retrouvai, enfin, seule, dans ma chambre. Mon mari m'avait laissée, pour finir sa journée au fumoir.

Qu'allais-je faire ? Il me fallait prendre un parti. Je ne souffrais pas dans mon cœur, mais dans mon amour-propre, dans ma vanité froissée. Je ne me demandais pas comment je pourrais reconquérir l'Empereur, la chose, je le sentais, était irréalisable. Un ardent désir de vengeance me possédait tout entière. Je comprenais que cette femme, elle aussi, allait devenir l'hôte de la chambre bleue. J'aurais voulu la mordre, la défigurer, la fouler aux pieds. Je raconterais à tous son odieux manège ; j'inventerais des infamies contre elle! Je rêvais le bouleversement général, le renversement de l'Empire, la venue de la République. Je serais à la tête de la Révolution, j'écraserais tous ces gens, je les chasserais, je me mettrais à leur place ! Par malheur, ce dernier projet, si séduisant, ne pouvait être d'une exécution immédiate ; sa réussite, je ne me le dissimulais pas, semblait même problématique, et je ne voulais pas attendre. La vengeance est un mets qu'il faut manger chaud. Je me sentais prise de colère contre l'Impératrice. Cette femme ne voyait donc rien ! Si j'allais lui ouvrir les yeux, tout lui raconter.

Alors, j'avais servi aux plaisirs d'une nuit ! Cet Empereur, ce grotesque en chemise mauve m'avait prise comme il eut prit une fille ! Moi, la sotte, j'avais cédé ; et, une fois son caprice satisfait, il me rejetait dans le tas ! Je me rappelais les étranges récits que j'avais entendus des amours de cet homme. Contre lui, je ne pouvais rien. Il me lançait l'injure à la face, je devais le supporter ; mais elle, la méprisable créature, avec son teint de pain d'épices, ses cheveux jaunâtres, rien ne la défend, elle m'appartient, je peux tout contre elle.

J'étais en proie à une agitation nerveuse, excessivement pénible. Comment ferais-je pour paraître le soir, pour me montrer. Tout le monde, à mon approche, n'allait-il pas deviner ce qui s'était passé, me rire au nez. Si l'Empereur m'adresse la parole, je lui tourne le dos, il arrivera ce qui pourra.

Je m'étais levée, j'avais ouvert une fenêtre pour que l'air frais du soir me rafraîchit le front. La sombre forêt bornait l'horizon, toute noire, pleine de bruits sinistres. Un peu à droite, là-bas, une grosse masse se détachait en clair : le manège des chevaux de bois enveloppé pour la nuit d'une grande chemise de toile.

Demain, cette Saint-Calais serait là, triomphante, me narguant du haut de son cheval..... J'étouffai un cri de joie : ma vengeance, ma chère vengeance, je la tenais ; je voyais, devant mes yeux, s'en dérouler toutes les péripéties. Je pouvais la préparer sans le secours de personne, sans délai. Moi seule, je suffirais à la tâche. Dieu me venait en aide, avait pitié de ma faiblesse et de mon infortune. Je faillis tomber à genoux et faire le signe de la croix.

Je n'avais pas de temps à perdre ; il fallait qu'avant dîner, j'eus tout terminé, tout achevé ; je n'étais pas même coiffée !

Je m'enveloppai, de la tête aux pieds, dans un grand manteau ? j'en relevai le capuchon et je sortis du château.

La nuit était venue, il tombait une petite pluie froide et pénétrante ; le vent d'automne soufflait par brusques rafales. Je ne m'en occupai guère. Je me dirigeai du côté du manège. Ce chemin si connu, fait tant de fois, me parut long, difficile à trouver.

Enfin ! me voilà arrivée. Je soulève la toile qui cache le manège, me glisse dessous et me mets à chercher le cheval alezan à la housse brodée. Ma recherche fut longue. Quand j'eus trouvé, de mes faibles doigts, doucement, avec bien du mal, je dévissai l'écrou qui retenait le cheval sur la tringle de fer. Je le poussai, il vacilla et reprit sa position première. C'était bien là ce sur quoi j'avais compté. Demain, quand cette Saint-Calais aura pris cette place qu'elle m'a volée, quand le manège tournera, elle et son cheval iront au diable. Et un mauvais sourire me plissait les lèvres.

Tout n'était pas fini. Il fallait rentrer sans laisser de traces de mon passage, sans éveiller ni l'attention, ni les soupçons de personne.

J'avais, récemment, lu dans le compte rendu d'un procès criminel que des voleurs avaient, pour dépister les recherches des gens de police, traversé un jardin en marchant à reculons et en sautant à cloche pied.

Je m'imaginai d'en faire autant. Je tombai deux fois. Je me relevai les mains sales, pleine de boue et de sable. Au pied du perron, j'ôtai mes bottines et marchai pieds nus. On eut pu suivre, sur les tapis, la trace de mes pas humides. A pareille heure tous les domestiques étaient occupés dans les appartements. Les huissiers, même, ne se trouvaient pas dans l'antichambre. Je rentrai chez moi, sans encombres.

Je m'habillai et parus à table, au salon, sans rien laisser trahir des émotions qui me bouleversaient. On me trouva en beauté, je reçus force compliments.

Pendant la nuit, je dormis mal, aux côtés de mon mari. Je m'éveillai, plus d'une fois, croyant voir une chambre bleue, une porte secrète, un Empereur en soie mauve, avec de longues moustaches.

La matinée s'écoula sans incidents. Après la promenade officielle, les breaks s'arrêtèrent sur la pelouse. Les plus pressés coururent au manège et se mirent en selle. C'était l'heure à laquelle habituellement, l'Empereur se joignait à ses hôtes. Dès qu'il parut, la Saint-Calais s'élança et, d'un bond, sauta sur le cheval alezan. Sa Majesté applaudit à sa grâce, à sa légèreté, et la suivit des yeux, le sourire aux lèvres.

Je m'étais assise, laissant à d'autres ma place sur les chevaux. L'Empereur vint à moi, s'informant de la cause de mon repos.

Sans répondre, je me levai, faisant la plus belle, la plus correcte des révérences, et restai debout. Sa Majesté m'engagea, de la main, à m'asseoir près de lui. Je m'assis à distance respectueuse, prêtant une oreille distraite aux aimables propos qu'elle daignait m'adresser.

Rien d'insolite ne se produisait ; le manège tournait, doucement, d'abord, puis sa vitesse s'accéléra et je prévoyais déjà le moment où..... Oh ! si elle pouvait se casser les reins, se rompre les os, pensais-je, en répondant, par un doux sourire, aux fadeurs impériales. Si, au moins, elle se brisait la mâchoire ! Je commençais à être inquiète. Aurait-on, par hasard, remplacé l'écrou supprimé !

Soudain, un cri, un cri terrible retentit... Le manège était lancé à toute volée ; une des amazones avait perdu l'équilibre et, projetée au loin, restait un instant en l'air, puis venait, lourdement, s'abattre et disparaître dans un massif de géraniums.

Il y eut un moment d'effroi. Tout le

monde courut, se précipita. Par bonheur, à la façon dont la victime « gigotait », s'efforçait de se redresser, on vit, bientôt, que l'accident n'offrait rien de grave.

Alors, un fou rire s'empara des assistants, rire fou, inextinguible, que personne, pas même Leurs Majestés, ne pouvait retenir. Saint-Calais, la brillante, l'incomparable, l'irrésistible Saint-Calais ne s'était, hélas ! rien cassé ; tous ses membres étaient intacts. Je n'en étais pas moins vengée. Il eut mieux valu, pour elle, qu'elle se fut brisé quelque chose : on raccommode un membre, on guérit une maladie, on succombe au ridicule ; c'est un mal sans remède, et c'était le cas de ma rivale.

Je la vois encore, je la verrai toujours, mollement étendue au milieu des masses de fleurs rouges, remuant bras et jambes, la bouche remplie de terre, geignant épouvantée, se croyant sur le point de passer de vie à trépas ; et, c'était là le côté réussi de l'aventure, étalant, sans voiles, offrant à tous les regards, les parties les plus opulentes et les moins nobles de son individu, les montrant de façon entière, complète. C'était sec, maigre, plat ; on devinait que ça devait être mou. On accuse cette pauvre Saint-Brieuc d'être incomplète, de n'avoir qu'une fesse, sa fesse unique fait plus de volume que les deux de la Saint-Calais.

On riait tellement, qu'on fut quelque temps avant de lui porter secours. Quand, enfin, elle put être remise sur pieds, la première figure qui frappa son regard, fut celle de l'Empereur. Un gros rire soulevait tout son corps par soubresauts. Ce spectacle, plus que la chute, la fit s'évanouir de saisissement et de colère.

J'étais vraiment bien et dûment vengée !

On assit la victime dans un fauteuil d'osier, deux domestiques l'emportèrent au château. Elle eut encore, pour la forme, une ou deux syncopes, afin de sauver la situation et d'exciter quelque intérêt sur son sort.

J'appris, le lendemain, que la malade allait bien. L'Empereur avait prescrit une enquête sur les causes de l'accident et le moyen d'en empêcher le retour. Vinrent de Paris, le jour même, deux ingénieurs, inspecteurs généraux des mines, chargés du contrôle des machines dans le département de la Seine ; le ministre des travaux publics les accompagnait. Ils étudièrent, tous trois, l'affaire de près, firent de longs calculs, rédigèrent un savant rapport sur la force centripète, sur la force centrifuge, la longueur des bras de levier, et, comme conclusion, établirent que le rayon de la circonférence du manège n'ayant pas été établi en rapport avec la hauteur de la tige centrale, l'accident survenu était inévitable, devait forcément se produire, soit immédiatement, soit plus tard.

On les décora ; leur rapport, approuvé par le conseil général des ponts et chaussées, fut déposé dans un carton du secrétariat. J'eus, dernièrement, l'idée d'envoyer mon mari en prendre connaissance ; il le trouva dans le bureau des archives, troisième file, à droite de la fenêtre, carton O, n° 382.

Je ressentis, dans la nuit, un léger mal de

gorge. Les émotions de ces jours derniers m'avaient donné un peu de fièvre et j'étais toute dolente, quand il fallut songer au départ.

Combien peu ce départ ressembla à l'arrivée !

Je rentrai à Paris très souffrante, mon mal de gorge empira rapidement. J'en connaissais la cause et me gardai de la révéler. J'avais pris froid en marchant, déchaussée, sur les degrés de pierre du perron, en m'enfonçant les pieds dans la boue du jardin, le soir de ma terrible expédition. Je fus longtemps à me remettre.

J'oubliais le plus joli. Au moment de quitter Compiègne, mon mari fut chargé, par l'Empereur, de me remettre un bracelet, valeur : 15,000 francs, c'est le taux. Je le « lavai », un jour de dèche, chez Jemmer de la rue Lafayette ; il m'en donna 10,000 francs.

Voilà, ma chère amie, ce que coûte et ce que rapporte le rôle de favorite d'un Empereur de France, en 186... Ce n'est pas à ce prix-là que nos aïeules eussent relevé l'éclat de leur maison.

Je me sentais toute tremblante, et, n'en pouvant plus, je tombai dans les bras de Paulette; sans nous rien dire, nous restâmes longtemps enlacées.

Ah! me dit Paulette, quand j'étais à ta place, je n'ai pas eu de Paulette près de moi, au contraire, c'était à qui me pousserait, pensant tirer profit de ma chute. Dieu, que ce monde de la cour est bas et méchant! Tous ces gens, du plus petit au plus grand, se valent: ils ne valent rien! Les plus plats, les plus vils, sont les plus haut placés! C'est à qui salira l'autre. L'Impératrice qui fait la prude, où en serait-elle si elle n'avait pas rencontré Badinguet et su s'en servir? Moi, si j'avais un peu de ma vieille énergie d'autrefois, je lâcherais prestement toute cette fripouille et j'irais vivre là-bas, au château de Lérignan, en vue du portrait de la petite comtesse Louis XV qui, elle au moins, a su s'y prendre!

Il fut convenu que je resterais dans ma

grande chambre et que Paulette coucherait près de moi.

Nous commencions à nous endormir quand deux heures sonnèrent. Paulette m'appela :

— Ce que je voudrais être dans la chambre bleue ! et voir l'homme à la fustanelle mauve se cogner aux meubles et trouver le lit vide !.....

Nous partîmes d'un grand éclat de rire.

— Une bonne action reçoit toujours sa récompense, ajouta Paulette. Je t'ai tirée du pétrin, en même temps, je me suis vengée. Il faudra raconter mon histoire à nos nièces, sous le voile de l'anonyme, bien entendu. Elle leur servira mieux que la lecture de préceptes de morale.

CHAPITRE XXIV

MA RETRAITE A TAISEY. — L'EMPEREUR A NICE
EXPOSITION DE 1867. — BAL DES TUILERIES. —
REVUE DE LONGCHAMPS.

J'ai renoncé à la cour, à ses grandeurs et à ses vilenies. L'exemple de Paulette m'a profité. Je suis redevenue femme correcte, épouse chaste. La vertu n'est pas sans charme, le tout est de s'y faire. On prend bien l'habitude du vice, on peut bien prendre celle de la vertu.

Si mon règne a été brillant, il n'a pas été long, mais, au moins, je suis partie en pleine gloire et avec tout mon prestige.

En me retirant à Taisey, j'ai d'abord prétexté l'état de ma santé. J'ai mis, ensuite, en avant, les économies devenues nécessaires pour combler le vide causé par nos dépenses excessives et je me suis installée dans notre vieux château, avec l'intention bien arrêtée de ne plus en sortir.

J'ai disparu de la cour, personne ne s'en est aperçu, personne ne s'est demandé ce que je devenais. J'avais fait ainsi pour les autres, les autres ont fait de même pour moi.

Mon mari passe à Paris le temps des sessions du corps législatif, fort courtes, du reste. Il revient ensuite près de moi. Notre vie s'écoule calme, monotone, sans changements, sans grandes joies ; mais aussi sans préoccupations, sans tristesses, sans être exposée aux brusques sursauts de la fortune. Peut-être, après tout, est-ce là le bonheur. Il m'est facile de raisonner ainsi, à moi qui ai vidé la coupe.

J'ai dû, cet hiver, accompagner ma belle-mère à Nice. Un jour, brusquement, les journaux annoncèrent l'arrivée de l'Empereur venant rendre visite au czar. Je me sentis singulièrement émue, à cette nouvelle ; je m'étais faite à ma vie triste, retirée, exempte d'émotions, et voilà que d'importuns souvenirs allaient me troubler, faire revivre un passé déjà si loin, me semblait-il.

Je pensai un instant, à m'éloigner, à ne pas paraître ; puis je cédai à un sentiment de femme, à une curiosité vaniteuse. Que ferait l'Empereur, en m'apercevant ? me reconnaîtrait-il, me parlerait-il ?

Une réception officielle eut lieu à la préfecture. Nous étions là, pêle-mêle, en troupeau dans un salon aux murs décorés de palmiers peints à la détrempe, et je songeais aux fêtes des Tuileries, quand la préfète, une grosse femme commune, à la voix désagréable, accourut criant. Le voilà, le voilà !

L'Empereur parut. Je ne le trouvai pas changé ; sa démarche était la même, la tête penchée de côté, la main gauche appuyée sur les reins, la paume en dehors, la main droite frisait ses moustaches ; ses paupières abaissées, comme trop lourdes, retombaient sur ses yeux.

Il passait, guidé par le préfet, un petit, à l'air fûté, à l'accent italien. En arrivant près de moi, il m'aperçut, sa figure eut un éclair il s'approcha, la main tendue, me faisant sortir des « paquets » qui m'entouraient et m'attirant à lui.

— Ah ! marquise, quelle bonne surprise !
— Sire !...
— Pourquoi ne vous voit-on plus ?
— Votre Majesté est bien bonne d'avoir daigné s'apercevoir de mon absence.
— Vous vous amusez, à Nice ?
— J'ai été très souffrante, sire.
— Vous reverra-t-on bientôt, au moins ?
— On ne me reverra jamais.
— Vous ne nous reviendrez pas ?
— Non, sire.
— Même, si je vous en priais.
— Surtout, si vous m'en priiez.
— Ah !

L'Empereur s'éloigna, frisant sa moustache avec plus de rage que jamais.

Je dois avouer, très humblement, que ma fière déclaration parut laisser l'Empereur absolument indifférent. Quant à moi, j'étais très contente d'avoir montré tant d'audace et une si belle force de volonté.

L'exposition universelle de 1867 eut lieu. Je ne consentis pas à aller la voir ; mon amour pour la retraite était devenu de la misanthropie. L'écho des grandes fêtes qui bouleversèrent, alors, la cour et la ville, parvint, cependant, jusqu'à moi. Mon mari débordait d'enthousiasme ; il me faisait de merveilleux récits de l'arrivée, du séjour, du départ, de ces princes, rois, empereurs, pour lesquels Paris déployait toutes les merveilles, toutes les ressources de son génie.

Des descriptions de ces fêtes, j'en ai retenu deux : le bal des Tuileries et la revue de Longchamps.

La façade des Tuileries flambait sous l'éclat des illuminations. Les rampes de gaz accusaient les bandeaux, corniches, chambranles et couronnements des fenêtres. Des lignes de lumière bordaient les allées du jardin. On eût dit un immense brasier. Dans les massifs, s'allumaient des feux de bengale, et toutes les branches d'arbres soutenaient des lanternes de couleur. Des rayons de lumière électrique avaient transformé les bassins en fontaines lumineuses, d'un effet magique.

En face du pavillon central du palais, du côté du jardin, se dressait, dans l'alignement des Champs-Elysées, une colossale étoile de feu représentant la croix de Saint-André, la Légion d'honneur de la Russie : le czar était le héros de la fête.

Un escalier, à double révolution, établi dans la cour, montait jusqu'au balcon du pavillon de l'horloge. Cet escalier était en charpente, l'Empereur décida de le construire en marbre onyx de l'Algérie.

Six cents personnes, seulement, étaient invitées. On avait ouvert tous les salons : la galerie de Diane, la salle du trône, la salle des maréchaux, la salle du premier consul, la galerie de la paix et jusqu'aux boudoirs de l'appartement de l'Impératrice.

Le souper fut servi dans la salle de théâtre transformée et rendue méconnaissable. Les invités occupaient le parterre. Une estrade, dressée au fond, avait été réservée aux souverains. Une fontaine faisait face à cette estrade, jaillissant au milieu d'un massif de fleurs. Pendant tout le temps du repas, on entendit les chœurs de l'Opéra, masqués par des tentures et groupés derrière la fontaine.

La revue eut lieu sur l'hippodrome de Longchamps, au bois de Boulogne.

Les troupes comprenaient 62,000 hommes de toutes armes, commandés par le maréchal Canrobert.

L'Impératrice occupait la tribune impériale, ayant, à ses côtés, le Prince Impérial, et, derrière elle, les Princes et les Princesses du sang, avec tout le personnel de sa maison.

Les tribunes regorgeaient ; la foule couvrait les talus, grimpait aux arbres, envahissait tous les espaces libres.

Les souverains sont arrivés dans l'ordre

suivant, chacun avec son escorte particulière :

L'Empereur Napoléon III, le général Fleury, grand écuyer, Raimbaux, écuyer, le général Rollin, aide de camp, le duc d'Elchingen, officier d'ordonnance.

L'empereur de Russie, le czarewitch, le grand-duc Vladimir, le prince Dolgorouki, le comte Schouwaloff.

Le roi de Prusse, le prince royal, le comte de Bismarck, le général de Moltke, le comte de Goltz, le comte Herbert de Bismarck.

Le duc de Saxe-Weimar.

Le prince Louis de Hesse.

Les souverains, suivis de leur éclatant état-major, passèrent, ensemble, devant le front des troupes ; puis, se plaçant au centre, faisant face aux tribunes, assistèrent au défilé.

D'un seul coup, au commandement, trente mille hommes de cavalerie : chasseurs, guides et cuirassiers, s'élancèrent à la fois ; lançant leurs chevaux à toutes brides, ils les arrêtèrent, à cinq pas des souverains, levant leurs sabres et criant vive l'Empereur !

L'effet fut indescriptible. L'enthousiasme de la foule éclata en bravos enivrants, des clameurs étourdissantes s'entendirent de toutes parts.

Le czar et le roi de Prusse, se tournant vers l'Empereur, le saluèrent, puis, baissant leur épée, s'inclinèrent devant l'Impératrice.

Une heure après, le czar essuyait, aux côtés de l'Empereur, le coup de feu d'un assassin.

C'était un sinistre présage !

L'épopée impériale était finie !

CHAPITRE XXV

L'ANNÉE TERRIBLE — LE MARQUIS DE TAISEY PRISONNIER DE GUERRE. — DU CHATEAU DE TAISEY A MAGDEBOURG.

L'année terrible est venue, l'Empereur a disparu, la France est envahie.

Mon mari a repris du service, dès le début de la campagne. Il a été fait prisonnier. Où est-il ? Je n'ai pas de nouvelles. Je suis seule dans ce grand château de Taisey. La neige tombe, la terre est glacée, le vent d'hiver secoue les branches mortes des arbres. Je me sens triste jusqu'à la mort !

On se bat à Dijon. L'Allemand a paru à Beaune ; on le croit à Chagny ; peut-être sera-t-il demain ici. Des bandes de soldats en désordre vont, viennent, à travers la

campagne, sans chefs, égarés, déserteurs.
Les maisons sont fermées, les paysans s'en
vont, se cachant, pleins d'effroi. Je souffre,
au dedans de moi, mille douleurs inconnues.
Oh! mon pays! Oh! ma chère France!
Oh! mes amis! Oh! tous ceux que j'aime et
qui m'aimaient! Je sens tout perdu, sans ressource et sans espoir. Je voudrais mourir!

Une lettre, une dépêche, quelque chose d'informe, m'arrive d'Allemagne, par la Suisse.
Mon mari est interné à Magdebourg, dans la
Saxe prussienne.

En un instant, mon parti est pris. Je vais
aller le retrouver. le secourir, le consoler.
Je partagerai sa peine; je remplirai mon
devoir.

Je cherche Magdebourg sur une carte, une
carte du théâtre de la guerre, une de ces
cartes faites au début, quand le théâtre de
la guerre devait être en Allemagne, et qui
sont devenues inutiles, maintenant que la
guerre se fait chez nous. Comme c'est loin!
Tout à fait là-haut, en pleine Prusse, près
de Berlin! Je trouve mon chemin : je gagnerai

la Suisse ; de Genève, j'irai à Bâle ; je descendrai le Rhin jusqu'à Mayence, de là à Francfort, puis à Leipsick et à Magdebourg. Pourrai-je circuler sur les chemins allemands ? Une femme passe partout. Je me hâte de faire mes préparatifs de départ.

Le chemin de fer de Lyon a suspendu son service régulier ; tout son matériel est passé en Suisse ou a été garé à Marseille, dans les stations extrêmes. Un de nos fermiers, un vieux brave homme, offre de me conduire dans sa charrette, jusqu'à Bourg ; une de mes voitures attirerait l'attention, les routes ne sont pas sûres : les gendarmes, les gardes, les douaniers, tous les hommes valides, sont à l'armée. A Bourg, à défaut de chemin de fer, je trouverai bien un moyen de gagner Genève. Chaque ville est isolée, sans nouvelles des villes voisines, sans relations entre elles.

Je me suis procuré de l'or ; j'en cache, sur moi, le plus possible, et, sans autres bagages que mon petit sac, je me mets en route, à la grâce de Dieu.

Je m'enveloppe dans mon manteau et m'enfonce, jusqu'au cou, dans la paille dont la charrette est remplie. Il fait terriblement froid, la route est couverte de neige et c'est à peine si le pauvre cheval peut gravir la pente du pont Saint-Laurent.

Voici la campagne, nue, glaciale, déserte ; de loin en loin, quelque paysan allant à la ville d'un pas lent, fatigué, la tête basse. Un vent de malheur souffle de tous côtés. Après Saint-Marcel, je retourne la tête pour dire un dernier adieu au pays que je quitte, à ma ville, à mon château qu'aux jours heureux, j'ai souvent vu de cet endroit. Aujourd'hui, je ne distingue rien, tout a disparu dans la brume épaisse qui s'élève de la rivière.

La route est si mauvaise que constamment, il faut aller au pas. A chaque village traversé, on accourait à ma rencontre : chacun s'informant d'où je venais, si j'avais des nouvelles.

Je dus coucher en route et arrivai, à Bourg, le lendemain, seulement. A Bourg, le service du chemin de fer était supprimé comme à Châlon. Je trouvai, heureusement, une autre voiture semblable à celle qui m'avait amenée, et dont le conducteur se chargea de me conduire à Bellegarde où je pourrais prendre, me disait-on, la ligne de Lyon à Genève, qui continuait encore son service.

A Genève, j'appris qu'il me fallait renoncer à suivre mon itinéraire : traverser la Suisse était impossible. Tout le pays, de Lausanne à Bâle, était rempli de déserteurs allemands, de prétendus francs-tireurs français, dont la présence eût été un danger certain pour une femme seule. Puis, de Bâle, si j'y arrivais, je ne pourrais certainement pas pénétrer dans le duché de Bade dont la frontière était rigoureusement gardée. Je n'avais, sur moi, aucun papier officiel, pas même un passeport régulier. On m'engagea à rétrograder, à passer le mont Cenis et à me rendre à Munich par le Piémont et le Tyrol. Une fois à Munich, j'étais sauvée.

Je gagnai donc Culoz où j'attendis, toute une journée, un train qui ne venait pas.

J'arrivai enfin à Turin, m'étonnant de trouver, à deux pas de la France, un pays aussi calme, d'y voir des gens vaquer tranquillement à leurs affaires et à leurs plaisirs. Je repartis, bien vite, pour Milan.

Là, le spectacle n'était plus le même : partout, dans les wagons, à l'hôtel, dans les rues, je voyais des gens agités, fiévreux, parlant de l'Empereur avec enthousiasme. On commentait les mauvaises nouvelles ; on croyait notre victoire assurée ; on faisait des vœux pour nous on abhorrait l'Allemand.

De Milan, j'allai directement à Innspruck. Je fus obligée de m'y arrêter ; j'étais brisée, à bout de forces. Je passai vingt-quatre heures à me réchauffer, à dormir, dans un grand hôtel, près de la gare où tout le monde, maîtres et gens, fut très bon pour moi, tout simplement, parce que j'étais Française et que j'allais retrouver mon mari prisonnier. Mon arrivée avait tellement surpris que la police, avertie, était venue s'informer et que j'avais dû la renseigner.

Innspruk devait être ma dernière étape

Au delà, j'entrais en Bavière, en pays ennemi, et je voulais passer tout droit, sans faire une halte. Le service des chemins de fer était à peu près régulier. Je pouvais, d'un trait, gagner Magdebourg.

Le voyage fut long et pénible. J'endurai bien plus de souffrances morales que de fatigues physiques. C'était atroce de voir, de près, ces soldats, ces officiers allemands, à la fois insolents et obséquieux, infectant le tabac et la bière. Que de fois j'ai eu envie de leur cracher à la figure!

Vint à passer, un convoi de prisonniers. A la vue des uniformes français, je ne pus me contenir et, cachant ma figure dans mes mains, j'éclatai en sanglots.

Enfin, voici Magdebourg! Je me sentais presque heureuse. La pensée de revoir mon mari, de lui apporter aide et consolation me donnait un nouveau courage. Quelle joie allait lui causer ma présence!

A l'hôtel, on m'indiqua où se trouvaient les bureaux de la place. Là, je pourrais être exactement renseignée et savoir si mon mari était prisonnier libre, dans la ville, ou bien retenu dans les casemates.

Ce mot de casemate me fit une horrible impression ; il éveilla, en moi, l'idée d'une prison, d'un cachot. Je tremblais et marchais vite devant moi, incertaine, sans savoir. J'ignorais, alors, que les casemates étaient réservées aux officiers ayant refusé de s'engager, sur l'honneur, à ne pas s'évader.

J'arrivai, en suivant l'Elbe, sur une grande promenade : le Fürstenwoll, et je m'arrêtai, indécise, cherchant à me rappeler les indications données. Je regardais, autour de moi, quelle direction suivre, quand j'aperçus à quelques pas, venant à ma rencontre, un officier français, en tenue. Quelle tenue, hélas ! usée, flétrie, les galons noircis. Il marchait tête basse, l'air souffrant, misérable.

Je m'avançai et très vite, les yeux pleins de larmes, la voix haletante :

— Je suis la marquise de Taisey. Je suis venue retrouver mon mari, prisonnier, comme vous. Il était colonel à la suite du deuxième chasseurs. Pouvez-vous me dire s'il est ici, où je pourrais le trouver ?

Et, n'étant plus maîtresse de mon émotion, je lui tendis les deux mains.

— Oh ! Monsieur, que je suis heureuse de voir un Français !

L'officier, aussi ému que moi, serrant mes mains, fut un moment sans répondre.

— Mon mari ? fis-je, très inquiète.

— Rassurez-vous, Madame. Le colonel n'est plus ici, mais rien de fâcheux ne lui est arrivé. Il s'est évadé, il y a six jours, et doit être bien près d'avoir rejoint l'une des armées de la Loire.

Je ne savais si j'étais contente ou fâchée. J'éprouvais une vive déception ; mais aussi quel sentiment de fierté je ressentais en apprenant qu'au mépris de tous dangers, risquant sa liberté, sa vie, l'homme dont je portais le nom avait héroïquement rempli son devoir.

Je demandai des détails. Hélas ! il ne pouvait m'en donner que bien peu. Le colonel ne s'était ouvert à personne de son projet, sûr moyen de réussir ; il était parti seul,

On ignorait quelle direction il avait prise. Avant de rentrer en France, — ses amis le supposaient, du moins, — il avait dû traverser Cassel, aller demander ses ordres à l'Empereur.

Peut-être, là-bas, j'en apprendrais plus long !

Le soir même, je partais pour Cassel.

CHAPITRE XXVI

CASSEL. — WILHEMSHŒHE. — DE SEDAN
A WILHEMSHŒHE. — LE CHATEAU. — L'EMPEREUR

Cassel est une triste petite ville, calme, tranquille, dont le centre est occupé par un cimetière. Les passants et les promeneurs sont rares. Le pas lourd des soldats, le bruit du sabre des officiers ressautant sur les pavés, troublent seuls le silence des rues.

Aux portes de Cassel se trouve le château de Wilhemshœhe qui sert de prison à Napoléon III.

On va de Cassel à Wilhemshœhe, en suivant un long faubourg bordé de petites maisons de plaisance et de brasseries. En moins d'une heure, on arrive à l'entrée du parc.

Je descendis de voiture et demandai le docteur Conneau.

Le portier m'indiqua la direction à suivre, fit un signal pour annoncer la venue d'un étranger, et me laissa aller.

Des poteaux, portant des inscriptions en français, indiquaient le chemin du château.

Je traverse des pelouses immenses, des massifs d'arbustes dépouillés, des corbeilles de fleurs flétries, et j'arrive dans un vaste espace découvert.

Le château est en face, dominé par la statue colossale de l'Hercule Farnèse couronnant une montagne qui se dresse au fond. Des pieds de la statue s'échappent des cascades, des ruisselets qui scintillent gaiement sur les cailloux. En bas, une grande pièce d'eau; à droite, une caserne.

Sur le fond vert de la haute colline, se détache la masse blanche du château. Le temps est doux. A l'une des fenêtres ouvertes du rez-de-chaussée, paraît la tête blonde d'une jeune femme ; et, de la caserne, on entend les soldats faire l'exercice : les fusils frappent le sol à intervalles réguliers, les officiers répètent leurs commandements d'une voix brève et dure.

Le vent fait bruire les dernières feuilles qui jonchent le sol ; en haut, croassent quelques corbeaux, et, plus haut encore, bien loin, entre deux nuages, dans un coin bleu du ciel, se perd un vol de cigognes.

Le château est précédé d'une terrasse large et haute ; à droite et à gauche, deux passages couverts donnent accès aux voitures et font communiquer les cours avec les jardins.

Je m'approchais, quand, sous le passage de droite, parut le général Pajol. Il ne me reconnut pas tout de suite : il devait si peu s'attendre à me voir ! Mais, dès que je me fus informée de la présence du colonel, il me prit les mains, très ému, me rassurant sur le sort de mon mari. Il avait en effet traversé Cassel cinq jours auparavant, muni d'un passeport pour l'Angleterre que lui avait procuré un ami. Il devait rentrer directement en France, peut-être y était-il déjà.

Rassurée de ce côté, je me sentis moins accablée.

Et l'Empereur ? Fis-je.

La figure du général prit aussitôt l'expression d'une inexprimable tristesse. Je le pressai de questions, lui demandant de me traiter en amie, de me donner des détails. Que s'était-il passé de Sedan à Wilhemshœhe? Je ne savais rien. Isolée, perdue, au fond de ma province, je n'avais lu que d'incomplets et malveillants comptes rendus de journaux. Il devait savoir, lui, se rappeler ?

Certes, oui, il savait, il se rappelait. Il y a des choses qui ne s'effacent jamais de la mémoire et que, au lieu de faire oublier, le temps écoulé grave de plus en plus dans l'esprit.

Le 2 septembre, à six heures du matin, le général Reille se rendit à Donchery chargé d'annoncer au comte de Bismarck que l'Empereur désirait le voir ; il précédait, de quelques minutes seulement, Sa Majesté.

Le comte de Bismark était encore au lit ; il se leva en hâte et se porta à la rencontre de l'Empereur qu'il trouva près de Fresnois.

Bismarck descendit de cheval et demanda à Sa Majesté quels ordres elle avait à lui donner.

L'Empereur répondit qu'il désirait être conduit auprès du roi de Prusse.

Cette demande ne fut pas accueillie. Une entrevue ne pouvait avoir lieu entre les deux souverains qu'après la signature des conditions préliminaires de la capitulation. En attendant, Bismarck mit à la disposition de l'Empereur, la maison dans laquelle il était, lui-même, installé à Donchery.

L'Empereur accepta et se mit en route, accompagné du comte qui était remonté à cheval.

A mi-chemin, on rencontra une maison de paysan, Sa Majesté y entra pour discuter, avec Bismarck, certaines modifications relatives à la capitulation de l'armée.

Le ministre allemand opposa des fins de non-recevoir à toutes les propositions qui lui furent faites. Il était investi de fonctions purement civiles et n'avait aucun titre pour intervenir dans le réglement des questions militaires. Le général de Moltke, seul, avait qualité pour traiter des questions de cette nature.

Une dépêche prévint Bismarck de la signature de la capitulation : le château de Bellevue, près Fresnois, venait d'être préparé pour recevoir l'Empereur et le roi.

Le château de Bellevue est une jolie résidence, située au sommet d'une colline d'où l'on découvre le cours de la Meuse et tout un riant panorama.

Les deux souverains s'y rencontrèrent, à deux heures.

Le roi, accompagné du prince royal et d'un nombreux état-major, était escorté par un escadron de cuirassiers blancs.

Nous n'étions, autour de l'Empereur, que quelques officiers généraux.

Napoléon passa le premier pour entrer dans le château, le roi le suivit ; ils s'arrêtèrent, d'abord, dans un salon du rez-de-chaussée, puis ne se trouvant, sans doute, pas assez seuls, ils se retirèrent dans une serre faisant suite à ce salon. Nous pouvions les voir de l'extérieur : Guillaume droit et raide dans son fauteuil ; Napoléon penché, en avant, un coude sur un de ses genoux, dans sa posture habituelle.

Que se passa-t-il, dans cet entretien ? Que se dirent ces deux hommes ? Comment s'abordèrent-ils ! Comment se quittèrent-ils ? Nous ne l'avons pas su. Nous avons seulement appris, par les événements survenus, que les questions pendantes furent traitées, par Guillaume, sans noblesse et sans grandeur, en soldat heureux, en industriel ayant fait une bonne opération et voulant en tirer le meilleur parti possible.

L'Empereur nous apprit qu'au lieu d'être enfermé dans la forteresse de Mayence, comme la chose avait d'abord été décidée, il serait dirigé sur Cassel et emprisonné au château de Wilhemshœhe. Il avait le droit de choisir la route à suivre, pour se rendre à Cassel.

Le 3 septembre, à trois heures du matin,

l'Empereur se mit en route et traversa Donchery. Un escadron de hussards ouvrait la marche. Il pleuvait. Sa Majesté portait la petite tenue de général de division avec la plaque de la Légion d'honneur. Le prince Achille Murat était assis à côté de lui. Le coupé, les chevaux de l'attelage, étaient très correctement tenus ; les postillons et les valets de pied portaient la livrée impériale.

Des officiers anglais qui se trouvaient sur son passage le saluèrent à sa sortie du village. Il leur rendit leur salut et passa ses gants sur ses yeux. On eût dit qu'il essuyait une larme.

Derrière le coupé, venait un char à bancs occupé par des officiers français et prussiens.

Afin d'éviter les pays qui venaient de servir de champ de bataille, et dans lesquels les communications n'étaient pas faciles, l'Empereur avait demandé, au roi des Belges, l'autorisation de traverser ses Etats. Le roi de Prusse avait exprimé le même désir. Léopold avait accordé l'autorisation demandée et chargé le baron de Chazal, général de l'armée belge, d'attendre l'Empereur à la frontière et de l'accompagner.

Ce même jour, Sa Majesté arriva à Bouillon, sur le territoire belge, et y passa la nuit.

Le lendemain, les domestiques furent effrayés du désordre de sa couche : les draps étaient déchirés, les matelats ouverts, les couvertures en lambeaux. Le malheureux vaincu avait été, toute la nuit, en proie à un accès de fièvre terrible, à des douleurs néphrétiques effroyables. Il avait enduré les plus cruelles souffrances, sans se plaindre, sans demander ni aide ni secours !

La suite de l'Empereur se composait de ses aides de camp : le prince de la Moskova, le comte Pajol, le général Reille, le général Vaubert de Genlis et le général Castelneau ; de ses officiers d'ordonnance : le commandant Heppe, le capitaine de Lauriston et le prince Achille Murat ; du maréchal du palais, le comte Lepic ; de son secrétaire particulier, Piétri ; de ses médecins : Corvisart et Conneau; du comte Von Boyen et du prince de Lynard, officiers désignés par le roi des Belges.

Le dimanche 4 septembre, on se remit en route. Un escadron de chasseurs belges précédait la voiture impériale. A la portière de droite, chevauchait un officier belge; à la portière de gauche, un écuyer de l'Empereur. Nos voitures et les fourgons de bagages fermaient la marche.

A midi, nous étions à Libramont, station de la ligne du Luxembourg. L'Empereur y recevait une dépêche de Son Altesse le Prince Impérial, lui apprenant qu'il était en sûreté à Maubeuge.

Il y avait foule à la gare. L'Empereur resta exposé aux regards, pendant le temps nécessaire à la préparation du train qui devait l'emmener. Il paraissait avoir vieilli de dix ans, en un mois. Sa figure était boursouflée, son teint jaunâtre, ses yeux mi-clos empêchaient de saisir son regard. Ses mouvements étaient rares, automatiques. Il respirait avec gêne, et ne fumait pas.

Le roi des Belges n'avait eu garde d'offrir son train royal à son voisin détrôné, l'Empereur prit place dans un wagon-salon des chemins belges. Le général Chazal monta avec lui. Le train partit, marchant avec une vitesse de soixante à quatre-vingts kilomètres à l'heure.

A Jumelle, le prince Pierre Bonaparte vint, en sanglotant, échanger quelques mots à voix basse avec son cousin, et, à trois heures cinquante, le train arriva à Liège.

Les assistants étaient en petit nombre ; ils se découvrirent devant Sa Majesté qui ne cherchait ni à se montrer, ni à se dissimuler. Ses traits révélaient, seulement, une immense fatigue, un profond énervement.

Le soir, à Verviers ; l'Empereur apprit sa déchéance. Il ne parut en être ni ému, ni surpris et accueillit la nouvelle, en apparence, du moins, avec la plus complète indifférence, et sans prononcer un mot.

Le lundi 5, on reprit le voyage ; on arriva à Cologne, à deux heures de l'après-midi, et à Cassel à neuf heures quinze du soir.

Le Roi de Prusse avait donné des ordres pour que son prisonnier fût traité en souverain. L'Empereur fut entouré d'égards et, partout, sur son passage, il reçut des marques de respect. Il aurait pu se faire illusion sur sa position, si, avec sa tenue de général et sa plaque de la Légion d'honneur, il eût porté l'épée.

Les troupes, rangées sur le quai de la gare, présentèrent les armes, les tambours battirent aux champs. Les officiers, les dignitaires, le gouverneur de la province, vinrent le saluer. La foule était considérable ; elle ne fit entendre ni un cri, ni un murmure.

Une demi-heure après avoir quitté Cassel, nous arrivions à Wilhemshœhe. Toutes les fenêtres du château étaient éclairées. Une compagnie de fusiliers échelonnés dans la cour rendit les honneurs militaires et les fifres jouèrent le *Zopfenstreich*, qui se joue seulement en présence des têtes couronnées.

L'Empereur descendit de voiture au pied

du perron. Il paraissait grave et triste; mais son visage demeurait impassible. Ses paupières, comme toujours, retombaient lourdement sur ses yeux et voilaient son regard; il semblait ne rien voir. Sa démarche était raide; il souffrait cruellement d'une crise de la maladie dont, depuis quelque temps, il ressentait les premières atteintes, sans qu'aucun de nous s'en doutât.

Il gravit, péniblement, les marches du perron et, pendant que chacun s'installait comme il pouvait, il se retira dans sa chambre accompagné de Conneau, qui lui prodigua ses soins.

Il éprouvait un immense besoin de repos et de solitude. On poussa une chaise longue près d'une fenêtre ouverte, et il resta longtemps étendu, sans faire un geste ni un mouvement.

La soirée était tiède. L'Empereur semblait regarder les lumières de la ville qui brillaient au loin. Voyait-il ce qu'il regardait? Regardait-il, même, quelque chose? A quoi pensait-il ? A son trône perdu, à sa femme, à son fils, à la prodigieuse fortune de son existence, à la fatalité qui avait été son guide et à laquelle il avait confié son sort ? En tout cas, les sujets de méditation ne lui manquaient pas.

Quand la nuit devint fraîche, un valet de chambre ferma la fenêtre et poussa la chaise longue dans la chambre. Toutes les lumières du château s'éteignirent l'une après l'autre. Celles de la chambre de l'Empereur, seules, ne disparurent pas. Le lendemain matin, avant cinq heures, il était debout, complètement maître de lui. Les douleurs physiques dont il venait de souffrir étaient calmées et, dès ce jour, il régla sa vie, prit ses habitudes.

Il congédia une partie des personnes de sa suite et ne conserva près de lui que Reille, Pajol, de Castelnau, Lauriston, Vaubert de Genlis, les princes Murat et de la Moskowa, Conneau et Daviliers.

Sa captivité est, du reste, fort douce. Il peut aller et venir en toute liberté, dans le parc et dans les environs. Les sentinelles, placées de distance en distance, ont pour consigne de veiller sur sa tranquillité et d'éloigner les importuns, bien plus que de s'opposer à une évasion.

L'Empereur se couche tard et se lève de bonne heure ; il souffre de pénibles insomnie. La maladie dont il est atteint fait de rapides progrès ; il subit des crises violentes qui se rapprochent de plus en plus.

Tous les journaux de France arrivent ici. Nous les lisons avidement. Jamais l'Empereur ne nous fait connaître ses impressions, ses regrets, ses espérances, ses désirs. Il supporte le destin sans étonnement, sans récriminations comme une des conséquences de sa vie tourmentée. Sans doute, à ses yeux, la ruine de la France, sa ruine personnelle, sont une des nécessités qu'impose le sort et contre laquelle se brise, s'anéantit toute volonté humaine.

— L'Empereur est sorti, en ce moment, fit le général. Il fait sa promenade quotidienne dans le parc. Voulez-vous voir son appartement?

Un grand escalier nous conduisit au premier étage. L'appartement occupe l'aile gauche du château. La chambre à coucher, placée à l'extrémité, est très vaste et terminée par une partie circulaire dans laquelle se trouve le lit. De chaque côté du lit, un cabinet de toilette. Cette chambre communique avec un premier salon converti en cabinet de travail, et avec une salle réservée aux aides de camp. Dans le cabinet de travail se trouve un portrait de la reine Hortense. Étrange rapprochement, ce château de Wilhemshœhe fut, autrefois, la résidence du roi Jérôme et, tout enfant, l'Empereur y était venu, accompagnant sa mère.

A l'extrémité opposée du château, est ménagé un appartement en tout semblable à celui de l'Empereur dont il est séparé par un salon et la salle à manger. Cet appartement a été préparé pour l'Impératrice. On avait supposé qu'elle viendrait partager la captivité de son époux. Il l'a vainement attendue.

Elle eût voulu récemment, dit-on, que l'Empereur fit une tentative de restauration ; il s'y est refusé. Le Prince Impérial n'est pas venu près de son père.

L'Empereur est resté seul, privé de l'affection des siens. Il est retiré au dedans de lui, ne voyant que ses compagnons de captivité. Peut-être, intérieurement, lui en coûterait-il de se montrer si bas, si humble, à qui l'a connu si puissant.

L'ingratitude des amis qu'il a comblés, l'oubli des bienfaits semés autour de lui, le laissent froid et indifférent. L'Impératrice, outrée de la façon dont la traitaient des gens qui, naguère, étaient à ses pieds, voulut livrer à la publicité les lettres, les papiers compromettants écrits par eux à l'Empereur, papiers soigneusement collectionnés et mis à l'abri par elle. L'Empereur s'y opposa formellement. Sa grandeur d'âme, sa sérénité, sont sans égales.

Le général s'approcha vivement d'une fenêtre, l'ouvrit et, d'un geste, me fit signe de regarder.

L'Empereur passait sur la terrasse du château ; il marchait lentement, s'appuyant sur sa canne et, comme autrefois,...... dans le parc de Compiègne, la soulevait d'un mouvement brusque pour envoyer, au loin, des cailloux, du sable, ou abattre des brins d'herbe, des tiges de plantes flétries. Il a renoncé à la tenue militaire et porte constamment une redingote noire serrée à la taille. Son corps s'est épaissi, sa démarche est devenue lourde, pesante ; cependant, il a conservé la même attitude : la tête toujours penchée de côté, la main gauche ouverte, appuyée sur les reins.

Un moment, il se retourna pour parler à Piétri qui l'accompagnait. J'ai, alors, retrouvé, sur ses lèvres, le vague et incertain sourire que je lui connaissais, preuve de bienveillance, disait-on, et, bien plutôt, résultat d'une continuelle distraction. Je revoyais, même, sur ses traits, cette expression d'illuminé, étrange, singulière, que n'ont jamais pu comprendre ni expliquer ses amis les plus proches.

— Je voudrais saluer Sa Majesté, lui parler, fis-je vivement, peut-être sera-t-elle heureuse de revoir une amie des anciens jours, restée fidèle.

Sa Majesté ne voit, ne reçoit personne ; la consigne est absolue.

J'insistai tant que le bon général consentit à tenter une démarche ; et je le vis, au bout d'un instant, aborder l'Empereur et lui exposer ma demande.

L'Empereur s'arrêta, écouta, semblant hésiter ; il secoua la tête en signe de refus ; et, sans se retourner, de son pas lent, automatique, reprit sa promenade. Je le suivis un moment des yeux ; bientôt je le perdis de vue il disparut, derrière un massif, au tournant d'une allée.

Et de là-bas, de la caserne voisine, venaient les appels des clairons prussiens, pour le rassemblement des hommes. J'entendais les fusils frapper le sol et les officiers répéter leurs commandements, d'une voix dure et brève.

TABLE DES MATIÈRES

CHAPITRE PREMIER
Qui je suis. — Ma famille. — Mon éducation. — Mon mariage . . . .

CHAPITRE II
Pourquoi j'écris mes mémoires. 15

CHAPITRE III
Les Tuileries. — Le salon des Dames. — L'Impératrice. — Ma première visite. — Ma toilette. — Mes réflexions. 17

CHAPITRE IV
Je retourne aux Tuileries. — Les tables tournantes. — Un chambellan. 27

CHAPITRE V
Les lundis de l'Impératrice. — L'ambassade de la reine d'Oude. 39

CHAPITRE VI
Les causes de ma faveur. — Dame du palais. — Un concert aux Tuileries. — Le ministre et le secrétaire général des intentions de l'Empereur . . . 47

CHAPITRE VII
Un dîner au cabaret . . . . , 59

CHAPITRE VIII

La princesse Trécardoff. — Noms des caillettes. — L'impératrice à un bal populaire de Fontainebleau. — La crinoline de Mme de Cassette. — Visite de S. M. la reine d'Espagne à Biarritz. — Le duc et la duchesse de Cambacérès. — Y Blaguadorès. La décoration de Beaucastel. — Les bustes de Marguerite Bellangé. — Les boulets du commandant Duperré. Les pleurs de la princesse de Belgrade.   71

CHAPITRE IX

Mes espérances d'entrer à la cour. — Les sujets de conversation des habitués du salon rose. — Le récit de Nassabo, Chambellan de l'Empereur. — La cour de Victor Emmanuel à Turin. — Le colonel de Genova. — Cran-cran et Cri-cri   111

CHAPITRE X

Madame Rolin de Bertingy. — Son mari et ses deux amis. — Le beau la bergerie. — Voyage en Amérique.   121

CHAPITRE XI

Les plaisanteries de l'Impératrice. — Une réponse un peu verte.   131

CHAPITRE XII

Le premier homme d'Etat de France. — L'orthographe du nom de Rouher.   137

CHAPITRE XIII

Monsieur de Saint-Albin. — La lectrice de Sa Majesté. — Un sac de bonbons. — Son Altesse le Prince Impérial et un cent-garde   143

CHAPITRE XIV

Fanchette. — Le cabinet de l'Empereur. — Jalousie de l'Impératrice. — Scène conjugale. — Départ de l'Impératrice pour l'Ecosse 151

CHAPITRE XV

M. le Préfet de Somme-et-Seine. — Mlle Gotte. — M. Sestri, sénateur en mission extraordinaire. . 165

CHAPITRE XVI

Maladie du roi Jérôme. — Le vieux persiste. — Le Directeur général des télégraphes 191

CHAPITRE XVII

Néro malade 197

CHAPITRE XVIII

A Compiègne. — Une série. — L'installation. — Les hôtes. — La première soirée. 207

CHAPITRE XIX

Le thé de l'Impératrice. — Promenade en forêt. — Les chevaux de bois. — Empressement de l'Empereur auprès de moi. — Jules Sandeau et le baron de Neuwed — Le manège. — Encore l'Empereur. — Le cheval à selle de velours vert. . 221

CHAPITRE XX

A ce soir. — Absence de mon mari. — La chambre bleue 235

CHAPITRE XXI

Paulette. — Ses confidences. — La chambre bleue. — Un Empereur inconnu. — Première nuit . . . 241

CHAPITRE XXII

Encore Paulette. — L'éclat d'une noble maison. — Les grandes reines de la main gauche. — Rêves et projets de Paulette. — Seconde nuit. 255

CHAPITRE XXIII

Toujours Paulette. — Plus de chambre bleue. — Sur la pelouse. — L'écrou du cheval alezan. — Vengeance. — La chute de Mme de Saint-Calais. 265

CHAPITRE XXIV

Ma retraite à Taisey. — L'Empereur à Nice. — Exposition de 1867. — Bal des Tuileries. — Revue de Longchamps 281

CHAPITRE XXV

L'année terrible. — Le marquis de Taisey prisonnier de guerre. — Du château de Taisey à Magdebourg. 291

CHAPITRE XXVI

Cassel. — Wilhemshœhe. — De Sedan à Wilhemshœhe. — Le château. — L'Empereur. 301

ÉVREUX, IMPRIMERIE DE CHARLES HÉRISSEY

www.ingramcontent.com/pod-product-compliance
Lightning Source LLC
Chambersburg PA
CBHW060649170426
43199CB00012B/1727